# Grundlagen der Buchführung

## WOLF-DIETER SCHELLIN

1. Auflage

Korrektorat: Kristin Grauthoff
Bild: © fancycrave.com

Herstellung und Verlag: BoD – Books on Demand,
Norderstedt

ISBN: 978373863369

# Inhaltsverzeichnis

**Definition des „Rechnungswesens"**

Das Rechnungswesen eines Betriebes setzt sich aus *verschiedenen Abteilungen*, bzw. Aufgabenbereichen zusammen. Abhängig von der Unternehmensgröße übernehmen diese Aufgaben ganze Arbeitsgruppen oder aber auch einzelne Mitarbeiterinnen und Mitarbeiter.

Die Pflicht zum Führen von Büchern

Die Buchführungspflicht verlangt die Aufstellung von Jahresabschlüssen nach den Vorschriften des HGB. Diese enthalten mindestens Bilanz und Gewinn- und Verlust-Rechnung (GuV).

Buchführungspflicht nach dem Handelsrecht

Kaufleute und freiwillig Bilanzierende unterliegen den Richtlinien des Handelsgesetzbuches.

§ 238 HGB schreibt vor, dass jeder Kaufmann im Sinne von § 1-7 HGB zur Buchführung verpflichtet ist und seine Vermögenslage und

Geschäfte unter Berücksichtigung der Grundsätze ordnungsgemäßer Buchführung darzustellen hat.

Auch Unternehmen, deren Geschäftsvolumen einen in kaufmännischer Weise eingerichteten Geschäftsbetrieb erfordert oder die freiwillig im Handelsregister eingetragen sind, gelten als Kaufleute und müssen Bücher führen.

Buchführungspflicht nach dem Steuerrecht

Aus § 140 AO ergibt sich für alle, die aus anderen als steuerlichen Verpflichtungen Bücher führen müssen, die Verpflichtung, dieses auch für steuerliche Belange zu tun.

*Wer ist nicht buchführungspflichtig[1]?*

§ 241a HGB nimmt Unternehmer, die in zwei aufeinander folgenden Geschäftsjahren nicht mehr als € 500.000 Umsatzerlöse und € 50.000

---

[1] Gesetzesstand Dezember 2014; Gesetzesänderungen sind zu berücksichtigen

Jahresüberschuss aufweisen, von der Buchführungspflicht aus. Bei Überschreiten dieser Grenzen ergibt sich nach Aufforderung durch das Finanzamt eine so genannte originäre (grundlegende) Pflicht zur Buchführung - auch dann, wenn sich aus anderen Gründen keine Verpflichtung dazu ergibt.

§ 141 AO befreit Angehörige der so genannten freien Berufe von der Buchführungspflicht, es sei denn, das entsprechende Unternehmen ist eine Kapitalgesellschaft oder Handelsgesellschaft und somit als Formkaufmann anzusehen.

Buchführung hat neben außerbetrieblichen Funktionen auch einen innerbetrieblichen Nutzen, in dem der Unternehmer jederzeit einen guten Einblick in die Vermögensverhältnisse seines Betriebes hat.

Durchaus macht Buchführung also auch auf freiwilliger Basis Sinn.

Die „Bücher" der Buchführung

In jeder Buchhaltung werden *zwei Arten von Büchern* geführt:

Grundbuch: Hier werden alle Geschäftsvorfälle in chronologischer Reihenfolge erfasst, weshalb das Grundbuch auch Tagebuch oder Journal genannt wird. Jedem Geschäftsvorfall wird eine laufende Nummer zugewiesen, außerdem sind neben dem Buchungsdatum und den angesprochenen Konten auch Betrag, Buchungstext und Belegnummer aufgeführt.

Hauptbuch: Die im Grundbuch erfassten Daten werden in das Hauptbuch übernommen ("gebucht"). Im Gegensatz zum Grundbuch ist das Hauptbuch nach sachlichen Gesichtspunkten geordnet, nämlich nach Konten. Weil die Konten früher auf Karteikarten geführt wurden, wird auch heute noch in diesem Zusammenhang von "Kontenblättern" gesprochen.

Nebenbücher

*Kontokorrentbuchhaltung:* Für jeden Kunden und Lieferanten wird ein separates Konto geführt..

*Lagerwirtschaft:* Für jeden am Lager vorhandenen Artikel wird ein eigenes Konto eingerichtet.

*Lohn- und Gehaltsbuchhaltung:* Wird bei mehr als einem Mitarbeiter notwendig, denn Abzüge und Auszahlungen müssen für jeden Beschäftigten nachvollzogen werden können.

*Anlagenbuchhaltung:* Für jedes Anlagegut wird ein gesondertes Konto angelegt.

Grundsätze ordnungsgemäßer Buchführung

Der Begriff „Grundsätze ordnungsmäßiger Buchführung" ist ein unbestimmter Rechtsbegriff. Nach § 238 Abs. 1 Handelsgesetzbuch (HGB) sind alle Kaufleute verpflichtet, diese Grundsätze einzuhalten, sie sind jedoch im Gesetz nicht umfassend definiert.

„Die Buchführung muss so beschaffen sein, dass sie einem sachverständigen Dritten innerhalb angemessener Zeit einen Überblick über die Geschäftsvorfälle und über die Lage des Unternehmens vermitteln kann."

Die Buchführung muss klar und übersichtlich sein. Dazu gehört: Eine sachgerechte Organisation, eine übersichtliche Gliederung des Jahresabschlusses und ein Verbot, Vermögenswerte und Schulden sowie Aufwendungen und Erträge miteinander zu verrechnen (Bruttoprinzip, Saldierungsverbot) und ein Verbot, Buchungen unleserlich zu machen, sowie ein Verbot, Bleistifteintragungen vorzunehmen.

Alle Geschäftsvorfälle müssen fortlaufend, vollständig, richtig und zeitgerecht sowie sachlich geordnet gebucht werden.

Jeder Buchung muss ein Beleg zugrunde liegen.

Inventur und Inventar

## Definition

Unter Inventur ist der Vorgang der mengen- und wertmäßigen **Bestandsaufnahme aller Vermögensteile und der Schulden** einer Einrichtung zu einem bestimmten Stichtag zu verstehen.

**Körperliche Inventur** bedeutet mengenmäßige Aufnahme aller körperlichen Vermögensgegenstände durch Zählen, Messen, Wiegen, aber auch Schätzen mit nachfolgender Bewertung der ermittelten Mengen in €.

Unter **Buchinventur** versteht man dagegen die Aufnahme der nichtkörperlichen Vermögensgegenstände wie Forderungen, Bankguthaben und dgl. sowie der Schulden der Wirtschaftseinheit auf der Grundlage von Belegen und anderen Aufzeichnungen.

Eine Inventur ist jeweils zu **Beginn des Gewerbes**, sowie jeweils zum **Schluss eines jeden Geschäftsjahres** durchzuführen (§ 240 Abs. 1 und 2 HGB).

## Inventurarten

**Stichtagsinventur**: Erfolgt 10 Tage vor bis 10 Tage nach dem Bilanzstichtag.

**Verlegte Inventur:** Erfolgt bis 3 Monate *vor* und bis zu 2 Monate *nach* dem Bilanzstichtag.

**Permanente Inventur**: Diese findet immer *(permanent)* statt.

**Stichprobeninventur**: Es wird regelmäßig eine Stichprobe gemacht, ob die auf Basis von Hochrechnungen und/oder Schätzungen ermittelten Mengen auch korrekt sind.

## Das Inventar

Sie müssen aufpassen, dass Sie die Begriffe **Inventur** und **Inventar** nicht durcheinander bringen. Die **Inventur ist die Aufnahme** der Vermögens- und Schuldenwerte und das **Inventar ist die Auflistung** eben dieser Zahlen.

Im Inventar werden zu oberst die Vermögensgegenstände aufgelistet, die am schwersten veräußert werden können. Das gilt zum Beispiel für Grundstücke oder Gebäude. Genau wie Fahrzeuge, Maschinen und Büroeinrichtung zählen diese Vermögensgegenstände zum **Anlagevermögen** eines Unternehmens.

Unter dem Anlagevermögen wird dann das so genannte **Umlaufvermögen** aufgelistet. Dies beginnt mit den Beständen an Roh-, Hilfs-, Betriebsstoffen, Fertigerzeugnissen u.a. Diese sind schneller als Anlagevermögen zu veräußern.

Die nächste Position im Inventar haben die **Forderungen aus Lieferungen und Leistungen**. Das sind unsere Forderungen gegenüber Kunden.

Darunter folgen dann der **Kassenbestand** und eine Zeile tiefer das **Bankguthaben**.

Nun noch einmal zur zuvor getroffenen Feststellung, dass die am schwersten zu veräußernden Vermögensgegenstände zu Beginn des Inventars aufgelistet werden. In der Fachsprache heißt dies „**mit zunehmender Liquidität**". Sie müssen sich aber merken, dass die Bank tatsächlich am Ende genannt wird, obwohl Sie doch schneller an das Geld in der Barkasse kommen, als an das auf Ihrem Geschäftskonto.

Zieht man nun von der Summe des Vermögens die Summe der Schulden ab, so erhält man als Ergebnis das so genannte **Reinvermögen**, das auch **Eigenkapital** genannt wird.

## Das Eigenkapital und dessen Ermittlung

Mit Hilfe des Inventars können Sie nun das Reinvermögen ermitteln. Der Begriff **Reinvermögen** steht zugleich für das **Eigenkapital**. Das heißt, der Anteil des betrieblichen Vermögens, das der Unternehmer sein Eigen nennen kann.

Über die Höhe des Eigenkapitals kann er weitestgehend frei verfügen. Er kann davon Beträge entnehmen (**Entnahmen**) oder es aber auch durch **Einlagen** erhöhen.

Diese Bewegungen, die innerhalb eines Geschäftsjahres (im Folgenden „GJ") vorgenommen werden, beeinflussen die Höhe des Eigenkapitals zum 31.12. des Geschäftsjahres.

Ein zweiter Wert, der das Eigenkapital beeinflusst, ist der Gewinn, der im aktuellen Geschäftsjahr erwirtschaftet wurde. Ein **Gewinn erhöht das Eigenkapital**, ein etwaiger **Verlust mindert es**.

Hier nun ein Beispiel, das Sie als durchaus prüfungsrelevant ansehen können ;-)

| | |
|---|---|
| **Eigenkapital zum 01.01.20XX** | 250.000,00 € |
| - Entnahmen im laufenden GJ | -10.000,00 € |
| + Einlagen im laufenden GJ | 5.000,00 € |
| + Gewinn des laufenden GJ | 17.000,00 € |
| **Eigenkapital am 31.12.20XX** | 262.000,00 € |

Nun wollen wir einmal daran arbeiten, Ihre „Denke" bezogen auf die Veränderungen des Eigenkapitals zu schärfen.

Hätte der Unternehmer *keine* Entnahmen getätigt, so wäre das EK am Jahresende um 10.000,00 € höher!

Und hätte der Unternehmer *keine* Einlagen geleistet, so wäre das EK um 5.500,00 € geringer!

Anders gefragt: Können wir anhand der EK-Bestände zum Jahresanfang und zum Jahresende *und* der Entnahmen und Einlagen den Gewinn des Geschäftsjahres ermitteln? Ja, können wir!

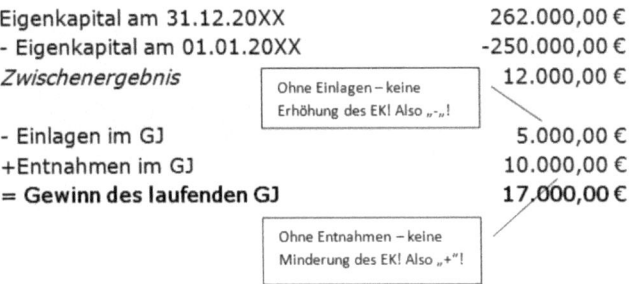

| | |
|---|---|
| Eigenkapital am 31.12.20XX | 262.000,00 € |
| - Eigenkapital am 01.01.20XX | -250.000,00 € |
| *Zwischenergebnis* | 12.000,00 € |
| - Einlagen im GJ | 5.000,00 € |
| +Entnahmen im GJ | 10.000,00 € |
| = **Gewinn des laufenden GJ** | 17.000,00 € |

Ohne Einlagen – keine Erhöhung des EK! Also „-"!

Ohne Entnahmen – keine Minderung des EK! Also „+"!

## Die Bilanz

Die Bilanz ist eine stichtagsbezogene, wertmäßige **Gegenüberstellung von Vermögen und Kapital** einer Einrichtung (Unternehmen u.a.) **in Kontenform**.

Das **Vermögen** wird auf der **linken Seite** der Bilanz, unterteilt nach Anlagevermögen und Umlaufvermögen, ausgewiesen. Es repräsentiert die **Aktiva** im Leistungsprozess.

Das **Kapital** wird auf der **rechten Seite** der Bilanz, unterteilt nach Eigenkapital und Fremdkapital ausgewiesen. Es repräsentiert die **Passiva** im Leistungsprozess.

Es gelten stets die Gleichungen

**Vermögen = Kapital**

und

**Eigenkapital = Vermögen – Fremdkapital (Schulden)**

## Der Aufbau – die Gliederung der Bilanz

Der Aufbau, bzw. die Gliederung der Bilanz liegt nicht im Ermessen des Unternehmens. Nur dadurch, dass der Gesetzgeber hier klare

Vorschriften macht, ist es „sachkundigen Dritten" möglich, sich innerhalb einer angemessenen Zeit einen Überblick über die Lage des betrachteten Unternehmens zu machen.

Anders ausgedrückt – Im Falle einer Betriebsprüfung durch das für Ihr Unternehmen zuständige Finanzamt muss der Prüfer recht schnell einen Einblick in die Entwicklung der Zahlen bekommen.

Wenn Sie bei Ihrer Hausbank ein Darlehen beantragen wollen, so muss es den Mitarbeitern der Bank möglich sein, mit Hilfe der gelieferten Zahlen Ihre Bonität zu ermitteln.

Werteveränderungen in der Bilanz

**Jeder Geschäftsfall hat Auswirkungen auf die Posten in der Bilanz**; und zwar in doppelter Weise. Auch wenn nicht jeder Geschäftsfall in der Bilanz dargestellt wird, können wir vier Möglichkeiten der Bilanzveränderungen unterscheiden; und zwar:

- **Aktiv-Tausch** = Tausch auf Aktivseite

- **Passiv-Tausch** = Tausch auf Passivseite
- **Aktiv-Passiv-Mehrung** = Erhöhung beider Seiten
- **Aktiv-Passiv-Minderung** = Minderung beider Seiten

Auflösung der Bilanz in Konten

- Die **Bilanz entspricht einer Waage** *(von ital. bilancia = [Balken-]Waage)*. Der Wert der Aktivseite muss immer mit dem Wert der Passivseite übereinstimmen.
- Jeder **Geschäftsvorgang berührt immer mindestens zwei Posten** in der Bilanz. Das Gleichgewicht wird dadurch niemals gestört.
- Da es zu umständlich wäre, nach jedem Geschäftsfall die Bilanz neu zu gestalten, wird **für jeden Bilanzposten ein Konto** *(von ital. conto = Rechnung)* eingerichtet.
- Die Bilanz zeigt die Bestände der einzelnen Bilanzposten an, daher bezeichnet man diese Konten als **Bestandskonten**.

Aktivkonten

18

Für alle Posten der Aktivseite der Bilanz wird ein eigenes Konto eingerichtet.

Die Seiten der Konten heißen **Soll** und **Haben**.

| Soll (S) | Aktivkonto (Kontenbezeichnung) | Haben (H) |
|---|---|---|
| Anfangsbestand Mehrungen | | Minderungen Schlussbestand |

## Passivkonten

Für alle Posten der Passivseite der Bilanz wird ein eigenes Konto eingerichtet.

Die Seiten der Konten heißen **Soll** und **Haben**.

| Soll (S) | Passivkonto (Kontenbezeichnung) | Haben (H) |
|---|---|---|
| Minderungen Schlussbestand | | Anfangsbestand Mehrungen |

## Kontenabschluss

Buchen auf Aktiv- und Passivkonten mit Buchungssätzen

- Für jeden Geschäftsfall wird ein Buchungssatz gebildet.

- Grundlage hierfür ist das erlernte Buchungsschema zu den Bestandskonten.

- Zuerst erfolgt die Nennung des Kontos, auf dessen Soll-Seite die Buchung erfolgt, dann die Nennung des Kontos, auf dessen Haben-Seite die Buchung erfolgt.
- Der Buchungssatz ist **immer** so aufgebaut, dass es „**Soll an Haben**" heißt.

*Nun setzen wir diese Vorgabe einmal bildlich um:*

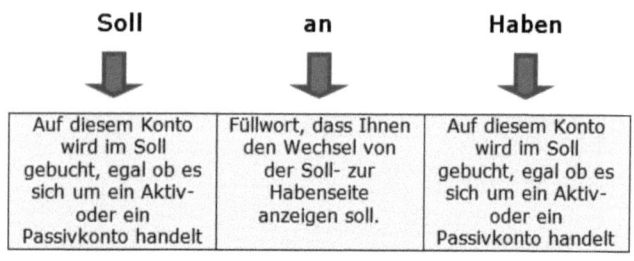

| Soll | an | Haben |
|------|-----|-------|
| Auf diesem Konto wird im Soll gebucht, egal ob es sich um ein Aktiv- oder ein Passivkonto handelt | Füllwort, dass Ihnen den Wechsel von der Soll- zur Habenseite anzeigen soll. | Auf diesem Konto wird im Soll gebucht, egal ob es sich um ein Aktiv- oder ein Passivkonto handelt |

<u>Vorgehensweise beim Bilden von Buchungssätzen</u>

Stellen Sie sich zuerst einmal folgende Fragen:

1. Welche Konten werden bei diesem Geschäftsfall berührt?

2. Um welche Kontenart handelt es sich dabei?
3. Was passiert auf diesen Konten?
4. Wie lautet demzufolge der Buchungssatz?

*Beherzigen Sie stets, dass der Buchungssatz immer „**Soll an Haben**" heißt!*

Beispiel 1:

Sie transferieren aus unserer Kasse Bargeld auf das Geschäftskonto bei der Sparkasse Gütersloh. Insgesamt werden € 2.200,00 eingezahlt.

1. Welche Konten werden bei diesem Geschäftsfall berührt?
   **Kasse** **Bank**
2. Um welche Kontenarten handelt es sich?
   **Aktivkonto** **Aktivkonto**
3. Was passiert auf diesen Konten?
   **Minderung** **Mehrung**
4. Wie lautet demzufolge der Buchungssatz?

Das Konto „**Bank**" ist ein **Aktivkonto**. Es wird gemehrt. Eine **Mehrung findet im Soll statt**. Der Buchungssatz heißt immer „Soll an Haben". Deshalb kann der Buchungssatz nur „**Bank an Kasse**" heißen.

Beispiel 2:

Sie kaufen bei „Peach" ein Notebook für €
2.990,00 auf Ziel.

1. Welche Konten werden bei diesem
   Geschäftsfall berührt?
   **4400 Verbindlichk. LuL 0870
   Geschäftsausstattung**
2. Um welche Kontenarten handelt es sich?

   **Passivkonto**             **Aktivkonto**

3. Was passiert auf diesen Konten?

   **Mehrung**               **Mehrung**

4. Wie lautet demzufolge der Buchungssatz?

   Das Konto „**Geschäftsausstattung**" ist ein
   **Aktivkonto**. Es wird gemehrt. Eine
   **Mehrung findet im Soll statt**. Der
   Buchungssatz heißt immer „Soll an Haben".
   Deshalb kann der Buchungssatz nur
   „**Geschäftsausstattung an
   Verbindlichkeiten LuL**" heißen.

## Anwendung von Grundbuch und Hauptbuch

Am Anfang des Manuskriptes haben wir uns näher mit den Büchern des betrieblichen Rechnungswesens befasst. Hier soll es nun darum gehen, wie die auf der vorherigen Seite gebildeten **Buchungssätze im Grundbuch erfasst** werden.

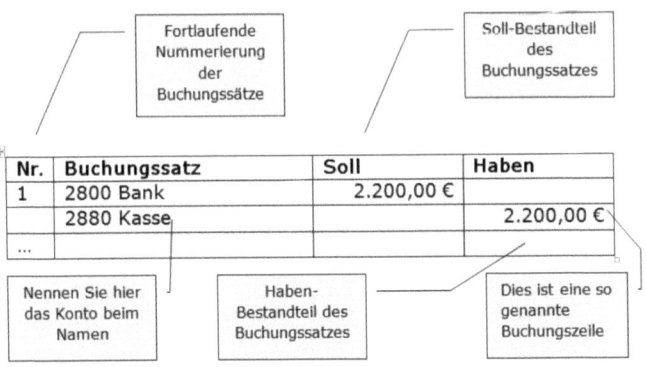

| Nr. | Buchungssatz | Soll | Haben |
|-----|-------------|------|-------|
| 1 | 2800 Bank | 2.200,00 € | |
| | 2880 Kasse | | 2.200,00 € |
| ... | | | |

*Nun kommt aber endlich das Grundbuch für unsere beiden auf der vorherigen Seite gebildeten Buchungssätze:*

| Nr. | Buchungssatz | Soll | Haben |
|-----|-------------|------|-------|
| 1 | 2800 Bank | 2.200,00 € | |
| | 2880 Kasse | | 2.200,00 € |
| 2 | 0870 Geschäftsausstattung | 2.990,00 € | |
| | 4400 Verbindlichkeiten LuL | | 2.990,00 € |
| ... | | | |

<u>Der zusammengesetzte Buchungssatz</u>
Manche Geschäftsfälle sind komplexer als die in unseren Beispielen. Es werden dabei mehr als zwei Konten berührt.

Das Buchen solcher Geschäftsfälle kann nur mit Hilfe eines **zusammengesetzten Buchungssatzes** erfolgen. Hier zwei Beispiele:

1. Beispiel
   Wir gleichen eine Liefererrechnung aus. Einen Teil überweisen wir von unserem Bankkonto (€ 1.100,00). Den Rest (€ 400,00) bezahlen wir bar aus der Kasse.

   **Verbindlichkeiten LuL** werden im Soll kleiner, **Bank und Kasse** werden im Haben kleiner. Der Buchungssatz lautet <u>immer</u> „Soll an Haben"! Ergo muss die Buchung wie folgt lauten:

   **Verbindlichkeiten LuL € 1.500,00 an Bank € 1.100,00 und Kasse € 400,00**

2. Beispiel

Einer unserer Kunden bezahlt eine offene Rechnung. Diese lautet über € 650,00. Er überweist uns € 450,00 und zahlt den Rest in Höhe von € 200,00 in bar.

**Kasse und Bank** werden größer; und das geschieht im Soll. Unsere **Forderungen LuL** nehmen auf der Habenseite ab. Der Buchungssatz lautet <u>immer</u> „Soll an Haben"! Also muss die Buchung wie folgt lauten:

**Bank € 450,00**
**an Forderungen LuL € 650,00** und **Kasse € 200,00**

Das Grundbuch wird nun wie folgt „gefüllt":

| Nr. | Buchungssatz | Soll | Haben |
|---|---|---|---|
| 1 | Verbindlichkeiten LuL | 1.500,00 € | |
| | 2800 Bank | | 1.100,00 € |
| | 2880 Kasse | | 400,00 € |
| 2 | 2800 Bank | 450,00 € | |
| | 2880 Kasse | 200,00 € | |
| | 2400 Forderungen LuL | | 650,00 € |
| ... | | | |
| | Spaltensummen | 2.150,00 € | 2.150,00 € |

*Um zu kontrollieren, ob Ihnen bei der Erfassung im Grundbuch ein Wert verloren gegangen ist, bilden Sie am Ende der Soll- und Haben-Spalte eine Summe. Diese beiden Werte müssen übereinstimmen!*

Eröffnungs- und Schlussbilanzkonto
Um die Buchungen, die wir zu Beginn und zum Ende einer „Periode" ausführen müssen, auch tatsächlich *erledigen* können, benötigen wir zwei Konten. Hierbei handelt es sich um das **Eröffnungsbilanzkonto** und um das **Schlussbilanzkonto**.

Damit Sie für sich ein paar Ungereimtheiten im Kopf klar bekommen, betrachten Sie das **Eröffnungsbilanzkonto** bitte immer als ein reines **Hilfskonto**. Es erfüllt lediglich den Zweck, die Periode *buchhalterisch* zu eröffnen. Ohne Zuhilfenahme dieses Kontos können wir halt nicht in die neue Periode starten. Stark sein!

Nehmen wir nun den **Anfangsbestand** unseres Bankkontos. Dieser lautet auf € 1.000,00.

**2800 Bank**

| 1.000,00 € | |
|---|---|

*Wir haben ja gelernt, dass das **Bankkonto** ein **Aktivkonto** ist, dessen Anfangsbestand im Soll steht.*

*Sie haben sich außerdem merken können, dass der **Buchungssatz** immer **Soll an Haben** heißt.*

**8000 Eröffnungsbilanzkonto**

| | 1.000,00 € |
|---|---|

*Also buchen wir den Anfangsbestand des Kontos „Bank":*

***2800 Bank an 8000 Eröffnungsbilanzkonto***

*Das habe ich links abgebildet. Und nun sehen Sie das eigentliche „Problem". Im EBK steht der Anfangsbestand auf der **scheinbar falschen Seite**.*

## Erfolgskonten

Das Ziel eines erwerbswirtschaftlich betriebenen Unternehmens ist die Gewinnerzielung. Geschäftsfälle, die den betrieblichen Erfolg beeinflussen, werden auf den so genannten **Erfolgskonten** festgehalten.

**Erträge**, wie zum Beispiel Verkaufserlöse, **mehren das Eigenkapital, Aufwendungen**, wie zum Beispiel Lohn- und Gehaltszahlungen für die Arbeitnehmer, **mindern das Eigenkapital**.

27

**Merke:** Aufwands- und Ertragskonten sind Unterkonten des Eigenkapitals.

<u>Erfolgskonten</u>

**Aufwendungen**
→Minderung des Eigenkapitals
→Buchung im **Soll** auf dem jeweiligen Aufwandskonto

Beispiele: Aufwendungen für Waren, Löhne und Gehälter, Abschreibungen, Mietaufwendungen, Versicherungen etc.

**Erträge**
→Mehrung des Eigenkapitals
→Buchung im **Haben** auf dem jeweiligen Ertragskonto

Beispiele: Umsatzerlöse, Mieterträge, Provisionserträge, Zinserträge, Erträge aus Wertpapieren, etc.

**Merke:** Buchungen auf einem Erfolgskonto
              haben stets die
**Gegenbuchung auf einem Bestandskonto!**


<u>Das Verbuchen des Verbrauchs an Stoffen und Waren</u>

**Grundsätzliches**

Warenkonten gibt es hauptsächlich in Groß- und Einzelhandelsbetrieben. Wenn Industriebetriebe Fertigprodukte von anderen Unternehmen beziehen und diese ohne Bearbeitung weiterverkaufen, spricht man von Handelswaren. In diesem Fall werden auch im Industriebetrieb Warenkonten geführt.

Die Abgabenordnung hat für die Aufzeichnung des Wareneingangs und die Aufzeichnung des Warenausgangs einige Anforderungen.

## Bestandsorientiertes Buchen oder aufwandsorientiertes Buchen

Bei einer **bestandsorientierten Buchung** (Skontrationsmethode) werden die Zugänge (Lieferscheine) und die Abgänge (Materialentnahmescheine) im Lager (Bestand) fortgeschrieben.

Bei einer **aufwandsorientierten Buchung** (Just-in-time-Buchung) werden die Wareneinkäufe auf dem Konto "Aufwendungen für Waren" gebucht. Auf dem Konto "Waren" werden lediglich der Warenanfangsbestand und der Warenschlussbestand (durch Inventur ermittelt) erfasst.

## Aufwandsorientierte Buchung (Just-in-time-Buchung)

Waren (Bestand) = aktives Bestandskonto

Wareneingang = Aufwandskonto

Erlöse (Warenverkauf) = Ertragskonto

**Waren (Bestand)**

Es handelt sich um ein aktives Bestandskonto. Zu Beginn des Geschäftsjahres wird der Anfangsbestand der Waren im Soll vorgetragen. Der durch Inventur ermittelte Warenschlussbestand wird im Haben gebucht. Buchungssatz: Schlussbilanzkonto an Waren. Der sich ergebende Saldo des Kontos Waren zeigt die Bestandsveränderung.

**Wareneingang**

Es handelt sich um ein Aufwandskonto. Auf diesem Konto werden die Wareneinkäufe im Soll gebucht. Der sich im Haben ergebende Saldo des Kontos *Wareneingang* ist der Wareneinsatz.

Das Konto wird zum Gewinn- und Verlustkonto abgeschlossen. *Buchungssatz: Gewinn- und Verlustkonto an Wareneingang*

**Erlöse (Warenverkauf)**

Es handelt sich um ein Ertragskonto. Auf diesem Konto werden die Warenverkäufe im Haben gebucht. Der sich im Soll ergebende Saldo des Kontos *Erlöse* ist der Warenumsatz.

Das Konto wird zum Gewinn- und Verlustkonto abgeschlossen. *Buchungssatz: Erlöse an Gewinn- und Verlustkonto*

Wareneingang

Lieferantenrechnung - Buchungssatz bei Verwendung des IKR:

| Soll | | Haben | |
|---|---|---|---|
| Sachkonto 6080 (Wareneingang) | 10.000,00 € | 4400X Kreditor | 11.900,00 € |
| Sachkonto 2600 (Vorsteuer 19%) | 1.900,00 € | | |

Erlöse (Warenverkauf)

Ausgangsrechnung an Kunden - Buchungssatz bei Verwendung des IKR:

| Soll | | Haben | |
|---|---|---|---|
| 2400 Debitor (Forderungen) | 11.900,00 € | Sachkonto 5000 (Erlöse) | 10.000,00 € |
| | | Sachkonto 4800 (Umsatzsteuer 19%) | 1.900,00 € |

Die Bestandsveränderung (Saldo des Kontos "Waren") kann eine Bestandsmehrung oder eine Bestandsminderung sein.

| Bestandsmehrung | Bestandsminderung |
|---|---|
| Der Warenschlussbestand ist größer als der Warenanfangsbestand. | Warenschlussbestand ist kleiner als der Warenanfangsbestand. |
| Es wurden im Geschäftsjahr mehr Waren eingekauft als verkauft. | Es wurden im Geschäftsjahr weniger Waren eingekauft als verkauft. |
| Der auf dem Konto *Wareneingang* gebuchte Aufwand ist damit zu hoch. | Der auf dem Konto *Wareneingang* gebuchte Aufwand ist damit zu niedrig. |
| Der Aufwand muss um die Bestandsmehrung gemindert werden. | Der Aufwand muss um die Bestandsminderung erhöht werden. |
| Buchungssatz: Waren an Wareneingang | Buchungssatz: Wareneingang an Waren |
| Es gilt: Wareneingang - Bestandsmehrung = Wareneinsatz | Es gilt: Wareneingang + Bestandsminderung = Wareneinsatz |

Erfolgskonten werden über das **Gewinn- und Verlustkonto (GuV-Konto)** abgeschlossen. Da die **Salden der Aufwandskonten** <u>immer</u> **im Haben** und die **Salden der Ertragskonten** <u>immer</u> **im Soll** stehen, gilt für die Abschlussbuchungen:

**Gewinn- und Verlustkonto** *an* **Aufwandskonto**

**Ertragskonten** *an* **Gewinn- und Verlustkonto**

Das GuV-Konto wird über das Konto **Eigenkapital** abgeschlossen. **Ein Gewinn erhöht das Eigenkapital, ein Verlust mindert es.**

Abschlussbuchungssatz bei Gewinn:
8020 **GuV** *an* 3000 **Eigenkapital**

Abschlussbuchungssatz bei Verlust:
3000 **Eigenkapital** *an* 8020 **GuV**

**Umsatzsteuer**

Im Umsatzsteuergesetz ist festgelegt, welche Art von Lieferungen und Leistungen der Umsatzsteuer unterliegen, bzw. mit Umsatzsteuer belastet werden.

*Lieferungen sind dabei zum Beispiel Stoffe- oder Warenlieferungen.*

*Von Leistungen sprechen wir zum Beispiel bei Reparaturen oder Dienstleistungen eines Steuerberaters.*

Auch wenn Sie derzeit kein Jurastudium absolvieren, müssen Sie sich bitte einen

Paragraphen, bzw. dessen Inhalt merken. Aus diesem Paragraphen können Sie leicht ableiten, welche Lieferungen und Leistungen umsatzsteuerpflichtig sind:

## § 1 Absatz 1 Umsatzsteuergesetz (UStG)

Der Umsatzsteuer unterliegen die folgenden Umsätze: […] die <u>Lieferungen und sonstigen Leistungen</u>, die <u>ein Unternehmer im Inland gegen Entgelt</u> im Rahmen <u>seines Unternehmens</u> ausführt. […]

Nun noch einmal anders ausgedrückt und dargestellt:

Umsatzsteuerpflichtig sind Lieferungen und Leistungen, …
- die ein Unternehmer
- für sein Unternehmen
- im Inland
- gegen Entgelt

erbringt.

**Merke:** Wird eine dieser Anforderungen <u>nicht</u> erfüllt, so sind die Umsätze <u>nicht</u> umsatzsteuerpflichtig!

<u>Beispiele:</u>
Ein <u>Unternehmer</u> aus Deutschland verkauft <u>aus dem Bestand</u>
<u>eines Unternehmens Waren</u> für <u>800,00 €uro</u>
an einen Kunden <u>in</u>

Oberammergau.

Lösungsweg: Prüfen Sie, ob alle Kriterien für eine umsatzsteuerpflichtige Lieferung oder Leistung gegeben sind.

- die ein Unternehmer…**ja!**
- für sein Unternehmen… **ja!**
- im Inland… **ja!**
- gegen Entgelt… **ja!**

*Umsatzsteuerpflicht besteht, weil er bei diesem Geschäft <u>alle Kriterien</u> des §1 Abs. 1 UStG erfüllt.*

Ein <u>Unternehmer</u> aus Deutschland verkauft <u>aus seinem Privatbesitz</u> <u>ein Paar Skier</u> für <u>220,00 €uro</u> an einen eBay-Bieter <u>aus Hamburg</u>.

- die ein Unternehmer… **ja!**
- für sein Unternehmen… **nein!**
- im Inland… **ja!**
- gegen Entgelt… **ja!**

*Es besteht <u>keine Umsatzsteuerpflicht</u>, da der Unternehmer Dinge aus seinem Privatbesitz und somit <u>nicht für sein Unternehmen</u> verkauft.*

Ein Unternehmer aus Deutschland verkauft aus dem Bestand seines Unternehmens Waren für 720,00 €uro an einen Kunden in Teheran.

- die ein Unternehmer… **ja!**
- für sein Unternehmen… **ja!**
- im Inland… **nein!**
- gegen Entgelt… **ja!**

*Es besteht auch hier keine Umsatzsteuerpflicht, da der Unternehmer die Lieferung an einen Abnehmer im Ausland (in einem „Drittland") vornimmt.*

\*\*\*\*\*\*

Ein Privatmann aus Deutschland verkauft aus seinem Privatvermögen einen Backofen für 30,00 €uro an einen Kunden in Detmold.

- die ein Unternehmer… **nein!**
- für sein Unternehmen… **nein!**
- im Inland… **ja!**
- gegen Entgelt… **ja!**

*Es besteht auch hier keine*
*Umsatzsteuerpflicht, da die*
*Person kein Unternehmer ist.*

Bemessungsgrundlage

Nun haben wir den § 1 (1) UStG berücksichtigt, müssen jedoch eine Besonderheit beachten. Wenn ein Unternehmer aus seinem Unternehmen Waren oder Leistungen (*ein Mitarbeiter jätet zu Hause beim Unternehmer den Garten*) entnimmt, so sind auch diese umsatzsteuerpflichtig. Der Unternehmer muss aus steuerlicher Sicht wie ein Dritter (Kunde) behandelt werden!

Nachdem wir nun festgestellt haben, welche Leistungen umsatzsteuerpflichtig sind, widmen wir uns einem weiteren wichtigen Begriff, der Bemessungsgrundlage. Sie ist die Grundlage für die zu ermittelnde Steuer.

Anders ausgedrückt: Wir verkaufen Waren, die einen Wert von 100,00 € haben. Dieser Betrag versteht sich zuzüglich der gesetzlichen Umsatzsteuer. Er ist die für die Berechnung der Steuern erforderliche Bemessungs-grundlage.

## Steuersätze

In der Bundesrepublik gelten verschiedene Steuersätze. Mit zwei dieser Sätze haben Sie im täglichen Leben zu tun. 7% und 19%.

Parallel dazu gibt es noch besondere Steuersätze, die landwirtschaftliche Erzeugnisse betreffen. Diese können wir hier aber außer Acht lassen.

Hier nun einige Beispiele zu Lieferungen und Leistungen, die
dem Umsatzsteuersatz 7% unterliegen:

* Grundnahrungsmittel
* Zeitungen und Bücher
* Zeitschriften (keine Hochglanzzeitschriften)
* Blumen und Pflanzen
* Außer-Haus-Verzehr von Essen (zum Beispiel Pizza-Bringdienst)
* GEMA-Gebühren
* Künstlerische Darbietungen

Auf die Frage, welche Leistungen nun mit dem Umsatzsteuersatz 19% belegt werden, kann man eigentlich antworten: „Alles, was nicht mit 7% belegt wird!". Aber auch…

* Alkoholfreie Getränke (selbst Mineralwasser etc.)
* Vor-Ort-Verzehr von Essen und Trinken in Restaurants
* Hochglanzzeitschriften

Das Umsatzsteuergesetz macht jedoch noch ein paar Ausnahmen. Umsätze können auch <u>umsatzsteuerfrei</u> sein. Aber selbst die sind in den vergangenen Jahren wässrig geworden und machen dem Buchhalter die Arbeit nicht leichter:

- Umsätze der Deutschen Post AG (nur Briefmarken und andere Postdienste)
- Vermietung und Verpachtung von Immobilien (hier gibt es Ausnahmen; wenn Ihnen nichts anderes gesagt wird, gelten diese Umsätze als umsatzsteuerfrei!)
- Umsätze von Geldforderungen und Wertpapieren (der Aktienhandel wird nicht mit Umsatzsteuer belegt)
- Kreditgewährung
- Ausfuhrlieferungen (zum Beispiel an Kunden in einem Drittland)

**Wichtig!** Jedes Unternehmen muss zwar die Umsatzsteuer auf jeder seiner Rechnungen ausweisen, sie ist aber für das Unternehmen lediglich ein „durchlaufender Posten". Soll bedeuten: Der Unternehmer vereinnahmt zwar das Geld von seinen Kunden, er hat es aber an den Staat (vertreten durch das Finanzamt) weiterzuleiten.

Der Weiterleitung (Zahlung) geht eine so genannte **Umsatzsteuervoranmeldung** voraus. Darin meldet das Unternehmen die

Höhe der getätigten Umsätze, die Höhe der in Rechnung gestellten Umsatzsteuer und die Umsatzsteuerbeträge, die andere Unternehmen in ihren Rechnungen ausgewiesen haben.

Umsatzsteuer

Die „**Umsatzsteuer**" ist die Steuer, die ein Unternehmen auf seinen **Ausgangsrechnungen** ausweist. Also werden die *Umsätze* **mit unseren Kunden** mit *Umsatz*steuer belastet!

Die Buchung erfolgt regelmäßig im Haben des Kontos „Umsatzsteuer".

Bei dem Konto handelt es sich um ein Passivkonto. Die Umsatzsteuer ist eine Verbindlichkeit gegenüber dem Finanzamt.

**Beispiel:** Verkauf von Waren lt.
Ausgangsrechnung Nettowarenwert
(*Bemessungsgrundlage*)8.000,00 €
zzgl. 19% 1.520,00 €
Rechnungs-/Bruttorechnungsbetrag
9.520,00 €

**Buchung:**   2400 Forderungen   9.520,00 €

an  5000 Umsatzerlöse      8.000,00 €

und 4800 Umsatzsteuer    1.520,00 €

In der Umsatzsteuervoranmeldung werden die im Meldezeitraum generierten Umsätze an das zuständige Finanzamt gemeldet.

Vorsteuer

Die „**Vorsteuer**" ist die Steuer, die einem Unternehmen auf den Eingangsrechnungen von einem anderen Unternehmen in Rechnung gestellt wird.

Die Buchung erfolgt regelmäßig im Soll des Kontos „Vorsteuer".

Bei dem Konto handelt es sich um ein Aktivkonto. Die Vorsteuer ist eine Forderung gegenüber dem Finanzamt.

**Beispiel:**    Einkauf von Rohstoffen auf Ziel
Nettowarenwert (*Bemessungsgrundlage*)
            6.500,00 €
zzgl. 19%    1.235,00 €
= Rechnungs-/Bruttorechnungsbetrag
            7.735,00 €

**Buchung:**    2000 Rohstoffe    6.500,00 €
            und 2600 Vorsteuer    1.235,00 €
an    4400 Verbindlichk. LuL    7.735,00 €

41

In der Umsatzsteuervoranmeldung werden die im Meldezeitraum generierten Umsätze an das zuständige Finanzamt gemeldet *(Musterformular)*.

## Zahllast

Die „Zahllast" ist der Betrag, der nach Abzug der Vorsteuern an das Finanzamt überwiesen werden muss.

| **Berechnung:** | Umsatzsteuer | 1.520,00 € |
|---|---|---|
| | abzgl. Vorsteuer | 1.235,00 € |
| | = Zahllast | 285,00 € |

Die Umsatzsteuervoranmeldung (siehe vorherige Seite) ist bis zum 10. Tag nach Ablauf des „Voranmeldungszeitraums" (in der Regel ist dies ein Monat) an das Finanzamt zu übermitteln.

Die Zahlung selbst hat (nach IHK-Denke) ebenfalls bis zum 10. zu erfolgen.

## Vorsteuerüberhang

Kommt es dazu, dass unser Unternehmen **mehr Vorsteuern** an andere Unternehmen gezahlt, **als** es selbst von unseren Kunden

**Umsatzsteuer** erhalten hat, so spricht man von einem **Vorsteuerüberhang**. Dieser wird dem Unternehmen nach Prüfung erstattet.

Die **Zahllast, bzw. der Vorsteuerüberhang** werden in der Voranmeldung erfasst.

Einfuhrumsatzsteuer

Wenn ein Unternehmen Waren oder Stoffe aus einem anderen Land als der Bundesrepublik oder einem Land außerhalb des Europäischen Wirtschaftsraums erwirbt, so spricht von einer „**Einfuhrlieferung**" oder vom „**Import**". Man sagt, dass wir die **Lieferung aus einem Drittland** erhalten.

In solchen Fällen weist unser Lieferant (Sitz beispielsweise in Kenia) in seinen Rechnungen **keine Umsatzsteuer** aus, da die **Leistung** (aus seiner Sicht) **nicht im Inland** erbracht wurde. Somit ist sie erst einmal von der ausländischen Umsatzsteuer befreit.

Werden nun Waren oder Stoffe **aus einem Drittland** nach Deutschland eingeführt, so verlangt der deutsche Staat auf den Warenwert den **im Inland fälligen Umsatzsteuersatz**. Die damit erhobene Steuer heißt **Einfuhrumsatzsteuer**.

Beispiel: Ihr Arbeitgeber importiert Zitrusfrüchte. In einer Rechnung seines Hauptlieferanten mit Sitz in Israel ist für 500kg Orangen ein Netto-Warenwert von € 1.500,00 ausgewiesen.

Der Warenwert (Bemessungsgrundlage) beträgt € 1.500,00. Der für Früchte gültige Steuersatz ist im Inland (Deutschland) 7%.

Somit erhebt der deutsche Staat bei der **Einfuhr** der Früchte € 105,00 an **Einfuhrumsatzsteuer**.

Buchung:
6080 Aufwendungen Waren    1.500,00 €
und 2604 Einfuhrumsatzsteuer 105,00 €
an   4400 Verbindlichk. LuL    1.605,00 €

Diese Steuer ist vom **Importeur der Ware** entweder direkt an das für seinen Geschäftssitz zuständige Hauptzollamt (HZA) zu zahlen oder der von ihm beauftragte Frachtführer (Spediteur, Paketdienst usw.) verauslagt die Steuer an das HZA und berechnet sie an ihn weiter.

Die gezahlte **Einfuhrumsatzsteuer** wird vom Importeur **wie Vorsteuer behandelt** und im Rahmen der Umsatzsteuervoranmeldung *(Musterformular, Kennziffer 62)* gemeldet und ihm von seinem Finanzamt, ggfls. nach einer Prüfung erstattet.

**Endverbraucher**, die Waren aus einem Drittland beziehen, werden im Rahmen der **Einfuhrumsatzsteuer** so behandelt, als würden sie die Waren im Inland erwerben. Sie jedoch haben **keinen Erstattungsanspruch** gegenüber dem Finanzamt.

Rechnung der Firma Molotow in Wolgograd (RUS)

## molotow

Kaspiyskoye shosse 314, 400138 Wolgograd, Russland

Meyer OHG

Möbelproduktion

Dieselstraße 17

33335 Gütersloh

Wolgograd, 30. April 20XX

**Invoice/Rechnung**

| 300 lfd. Meter | Teakholz | á 21,50 | 6.450,00 € |
|---|---|---|---|
| | Rechnungsbetrag | | 6.450,00 € |

*Zahlungsbedingung: 10 Tage nach Erhalt ohne Abzüge.*

Es handelt sich um einen **Import**, der vom Lieferanten **ohne Ausweis von Umsatzsteuer** fakturiert wurde. Bei der Einfuhr des Holzes müssen wir an den deutschen Staat **19% (für Holz) Einfuhrumsatzsteuer in Höhe von €1.225,50** bezahlen, erhalten diese jedoch im Rahmen der Voranmeldung zurück.

Innergemeinschaftlicher Handel

Beim so genannten **Innergemeinschaftlichen Handel**, bei dem es um den Handel im **europäischen Wirtschaftsraum** geht, sind besondere Einzelheiten zu beachten.

Um europäischen Unternehmen den Handel innerhalb der EU zu erleichtern, kann unter bestimmten Voraussetzungen darauf verzichtet werden, dem Empfänger Umsatzsteuer in Rechnung zu stellen:

**Lieferant und Warenempfänger** müssen ihren Geschäftssitz innerhalb des europäischen Wirtschaftsraumes haben und **beide Unternehmen** müssen über eine so genannte **Umsatzsteuer-Identnummer** verfügen.

Diese **Umsatzsteuer-Identnummer** ist von deutschen Unternehmern einmalig beim Bundesamt für Finanzen zu beantragen.

Bei Aufgabe einer Bestellung muss der Besteller dem Lieferanten seine Identnummer nennen und **nur dann** darf der Lieferant **umsatzsteuerfrei liefern**. Vergisst der Besteller, diese Nummer zu übermitteln oder verfügt er noch über keine, so **muss der Lieferant die Ware zuzüglich der in seinem Land geltenden Umsatzsteuer berechnen**.

Die dann gezahlte Umsatzsteuer wird dem Käufer **nicht erstattet**! Auch kann die Rechnung im Nachhinein nicht mehr korrigiert werden!


Einkauf von Waren innerhalb der EU
Beispiel: Ihr Arbeitgeber importiert Zitrusfrüchte. Diesmal jedoch non einem Lieferanten mit Sitz in Spanien. In dessen Rechnung ist für 300kg Zitronen ein Netto-Warenwert von € 800,00 ausgewiesen.

Dem spanischen Lieferanten liegt Ihre Umsatzsteuer-Identnummer vor!

Somit erheben weder der Lieferant, noch der deutsche Staat bei der Einfuhr Umsatzsteuer!

Buchung:
6080 Aufwendungen Waren   800,00 €
an  4400 Verbindlichk. LuL   800,00 €

Verkauf von Waren innerhalb der EU

Auch hierbei ist die Vorgabe zwingend zu beachten, dass eine Lieferung an einen europäischen Unternehmer **nur dann umsatzsteuerfrei** erfolgen darf, **wenn beide** Umsatzsteuer-**Identnummern vorliegen**!

Beispiel:   Ihr Arbeitgeber verkauft Obstsalat an einen gewerblichen Kunden in Frankreich. In dessen   Rechnung ist für 200kg Obstsalat ein Netto-Warenwert von   €   1.300,00 ausgewiesen.

Ihnen liegt die französische Identnummer vor!

Somit erheben weder wir, noch der französische Staat Umsatzsteuer!

Buchung:
2400 Forderungen LuL   1.300,00 €

an   5000 Erlöse e.Erz.      1.300,00 €

Liegt   Ihnen   **keine   Umsatzsteuer-Identnummer** des Bestellers vor, so müssen Sie ihn **wie einen Endverbraucher** im Inland **behandeln   und   mit   der   hier   gültigen Umsatzsteuer belasten**!

Umsatzsteuer und Privatentnahmen

Wenn ein Unternehmer Waren aus seinem Unternehmen entnimmt oder er eine bestimmte Leistung für private Zwecke verwendet, so muss er wie ein Dritter, ein Außenstehender oder auch wie ein Kunde behandelt werden. Sprich: Die „Entnahme an Waren und sonstigen Leistungen" ist umsatzsteuerpflichtig!

Beispiel: Unternehmerin Hansel entnimmt aus dem Lager

Ihres       Handelsunternehmens       einen Hochleistungstoaster zum

Netto-Wert  von € 200,00.

Die Rechnung bzw. der Buchungsbeleg, der zu diesem

Geschäftsfall erstellt wird, sieht wie folgt aus:

| | |
|---|---|
| Toaster „High-Tec", Netto-Preis | € 200,00 |
| zzgl. 19% Umsatzsteuer | €  38,00 |
| Bruttopreis | € 238,00 |

Der Netto-Preis entspricht der
Bemessungsgrundlage. Die
Privatentnahme entspricht dem Bruttopreis,
weil die Steuerschuld
(€ 38,00) durch die Entnahme des Toasters
entstanden ist!

*Buchungssatz:*
*3000 Privat   €   238,00*
*an 5420 Entnahme von Waren u.s.L. € 200,00*
*und 4800 Umsatzsteuer 38,00*

Beispiel:          Frau    Hansel    lässt    vom
Geschäftskonto                        Ihres
Unternehmens    an    den
Reiseveranstalter              „TOI"
€  1.500,00  für  eine  private
Urlaubsreise überweisen.

Hierbei handelt es sich nicht um
die Entnahme von Waren oder
von  einer  sonstigen  Leistung.
Frau  Hansel  entnimmt  einfach
„nur"    einen    Teil    ihres
Eigenkapitals.
Datum buchen wir diesen
Vorgang so:

*Buchungssatz:*
*3000 Privat   an   2800 Bank 1.500,00*

Wie  beim  ersten  Beispiel  kann  es  auch  zu
anderen    Entnahmen    des    Unternehmers

kommen. So ist ja auch vorstellbar, dass der Unternehmerin ein Teil der Telefongebühren angelastet wird. Strittig kann dabei üblicherweise eine Privatnutzung nicht sein.

Beispiel:      Die Telefongebühren des Monats Mai 20XX belaufen sich auf netto € 300,00. Der Privatanteil ist regelmäßig mit 20% anzusetzen. Das wird dann wie folgt errechnet und gebucht...

20% von € 300,00 = € 60,00 + 19% USt (€ 11,40) = brutto € 71,40

*Buchungssatz:*
*3000 Privat    €   71,40*
*an 5420 Entnahme von Waren u.s.L. € 60,00*
*und 4800 Umsatzsteuer € 11,40*

<u>Bezugskosten</u>

Bei der Beschaffung von Waren und Stoffen fallen Kosten für den Bezug an. Zumindest ist es recht oft der Fall, dass unsere Lieferanten „frei Haus" versenden.

Denken Sie bitte immer daran, dass **Bezugskosten** immer **nur beim Einkauf** entstehen, <u>nicht aber beim Verkauf</u>, sprich durch den Vertrieb unserer Waren und Leistungen.

Zu den **Bezugskosten** zählen Aufwendungen wie Speditionskosten, Zölle, Abfertigungsgebühren (*Hafengebühren*), Kosten der Einlagerung (*Spedition*), Rollgelder usw.

Die entstehenden Aufwendungen nennt man auch in der Buchführung **Bezugskosten**. **Sie zählen zu den Anschaffungskosten** der Ware bzw. des Stoffes.

Diese Kosten werden auf separaten Aufwandskonten gebucht. Am Ende einer jeden Abrechnungsperiode müssen auch diese **Konten abgeschlossen** werden. Dies geschieht nicht, wie bei den anderen Aufwandskonten, über das

GuV-Konto, sondern **über das** so genannte **Hauptkonto**.

Beispiel:      Für eine Rohstofflieferung (Netto-Wert
€ 10.000,00) sind uns Speditionskosten in Höhe von netto € 500,00 in Rechnung gestellt worden. Diese Rechnung muss von uns als Verbindlichkeit gebucht werden.

Buchung:
6001 Bezugsk. Rohstoffe € 500,00
und 2600 Vorsteuer € 95,00
an Verbindl.LuL € 595,00

*Sie sehen, es gibt für jedes Waren- und Stoffekonto ein eigenes Bezugskostenkonto!*

Am Ende der Abrechnungsperiode sehen die Konten also so aus:

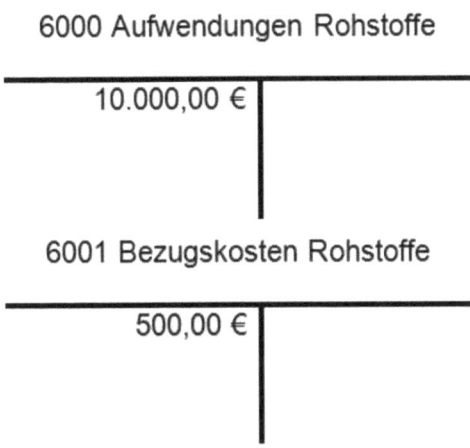

6000 Aufwendungen Rohstoffe

| 10.000,00 € | |

6001 Bezugskosten Rohstoffe

| 500,00 € | |

Da die Bezugskosten wie gesagt zu den **Anschaffungskosten** der Stoffe zählen, muss der Saldo des Bezugskostenkontos auf das Stoffe-Konto umgebucht werden!

**Vorgehensweise beim Abschluss des Bezugskostenkontos:**

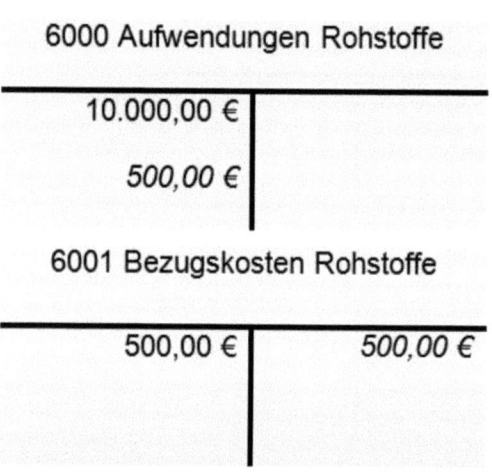

**6000 Aufwendungen Rohstoffe**

| | |
|---|---|
| 10.000,00 € | |
| *500,00 €* | |

**6001 Bezugskosten Rohstoffe**

| | |
|---|---|
| 500,00 € | *500,00 €* |

Schließen Sie das Konto mit dem Buchungssatz „Aufwendungen Rohstoffe an Bezugskosten Rohstoffe" ab, indem Sie den kompletten Saldo umbuchen.

*Buchungssatz:*

*6000 Aufw. Rohstoffe an 6001Bezugskosten Rohstoffe 500,00 (siehe oben)*

Das Bezugskostenkonto ist nun ausgeglichen. Nun können Sie das Rohstoffkonto wie gewohnt saldieren und zum GuV-Konto umbuchen.

*Buchungssatz:*

*8020 GuV-Konto*

*an 6000 Aufwendungen Rohstoffe € 10.500,00*

*Auf der Seite zuvor wurde der Begriff „Anschaffungskosten" erklärt. Die Art des Saldierens und des Umbuchens erscheint Ihnen vielleicht unnütz und aufwendig. Der Gesetzgeber verlangt jedoch, dass der zu bilanzierende Wert der Waren und Stoffe inklusive aller Nebenleistungen, die mit dem Erwerb verbunden waren, ermittelt werden muss.*

Nachlässe beim Einkauf von Waren und Stoffen

Lieferanten gewähren uns als einkaufendem Unternehmen regelmäßig Nachlässe. Zum einen sind dies die so genannten **Sofortrabatte**, die uns zum Beispiel vom Listenpreis eines Artikels gewährt werden.

Diese **Sofortrabatte** werden „innerhalb" der Rechnung abgezogen und deshalb von Ihnen als Buchhalter nicht gebucht! Ihre „Denke" beginnt bei den Netto-Rechnungsbeträgen.

Die **Nachlässe**, um die es nun hier gehen soll, sind **Skonti, Boni und sonstige nachträgliche Rabatte**. Egal, welche Art von Nachlass man Ihrem Unternehmen gewährt, werden diese auf einem Konto gebucht. Man unterscheidet jedoch, **für welche Art von Einkauf** einem diese Nachlässe gewährt wurden:

• Nachlässe Waren

• Nachlässe Rohstoffe

- Nachlässe Hilfsstoffe

- Nachlässe Betriebsstoffe

Achten Sie also unbedingt darauf, für den Einkauf welchen Stoffes, bzw. welcher Waren Ihnen eben dieser Nachlass gewährt worden ist.

Genau wie die **Bezugskosten** (von zum Beispiel Rohstoffen) werden diese am Ende einer jeden Abrechnungsperiode über das entsprechende Hauptkonto abgeschlossen.

Hier nun ein Beispiel:

Wir haben die auf den Vorseiten genannte Rohstofflieferung im Wert von netto € 10.000,00 erhalten. Die Zahlungsbedingung lautet auf *„10 Tage unter Abzug von 3% Skonto, 30 Tage rein netto".*

*Buchungssatz:*

*6000 Aufw. Rohstoffe € 10.000,00*

*und 2600 Vorsteuer € 1.900,00*

*an 4400 Verbindlichkeiten LuL € 11.900,00*

Nun zahlen wir die Rechnung so pünktlich, dass es uns noch erlaubt ist, die gewährten 3% Skonto zu ziehen. Der zu überweisende Betrag ist somit um 3% zu reduzieren (vom Hundert!)

Wir überweisen nun zwar nur noch € 11.543,00, der offene Posten (€ 11.900,00) ist jedoch komplett auszubuchen – weil uns die Minderung erlaubt wurde!

Der gestattete Abzug (**Nachlass**) muss als solcher gebucht werden. Aber aufgepasst! Unser Lieferant hat uns erlaubt, einen Teil der Eingangsrechnung nicht zu zahlen – also haben wir die Verpflichtung, die beim Eingang gebuchte Vorsteuer (€ 1.900,00) zu **korrigieren**.

Der ursprüngliche Brutto-Rechnungsbetrag lautete auf € 11.900,00.

Wir überweisen unter Skontoabzug nur noch 97%. € 11.543,00

Der Betrag, den wir für uns behalten dürfen ist € 357,00

Das sind 3% des **Brutto**-Rechnungsbetrages. Also ist dies ein Betrag inklusive 19% USt. Teilen wir also durch        1,19

und heraus kommt der **Netto-Skontoabzug** von € 300,00

Die Differenz zwischen Brutto- und Nettoabzug ist **€        57,00**

und gleichzeitig der Betrag, um den wir die Vorsteuer

aus der Eingangsrechnung **korrigieren müssen**!

*Buchungssatz:*

*4400 Verbindlichkeiten    € 11.900,00*

*an   2800 Bank                € 11.543,00*

*und 6002 Nachlässe RST    €    300,00*

*und Vorsteuer              €     57,00*

*So sehen die einzelnen Konten danach aus. Die kursiven Werte sind die beim Zahlungsausgang gebuchten!*

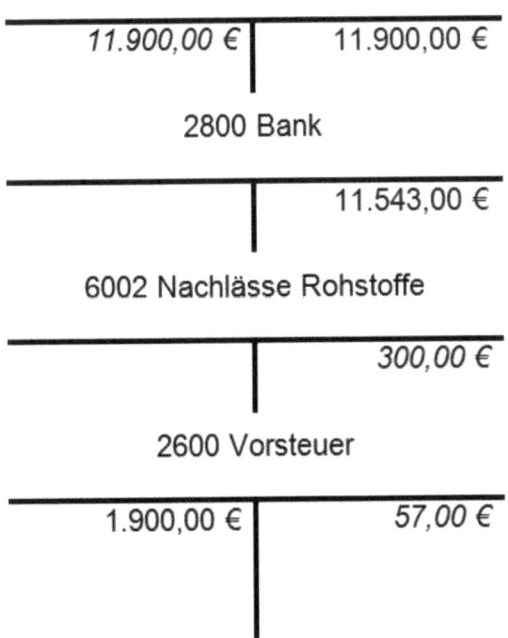

4400 Verbindlichkeiten LuL

| *11.900,00 €* | 11.900,00 € |
|---|---|

2800 Bank

| | 11.543,00 € |
|---|---|

6002 Nachlässe Rohstoffe

| | *300,00 €* |
|---|---|

2600 Vorsteuer

| 1.900,00 € | *57,00 €* |
|---|---|

ben auf den vorherigen Seiten gelernt, dass **Nachlässe**, egal, welchen Namen diese nun auch tragen, auf dem jeweiligen **Unterkonto des Hauptkontos** (*Rohstoffe, Hilfsstoffe, Betriebsstoffe oder Waren*) verbucht werden müssen.

Am Ende einer Abrechnungsperiode werden diese Unterkonten dann über das jeweilige Hauptkonto abgeschlossen. Dies soll nun noch einmal ergänzend geübt werden. Hierzu folgende Aufgaben:

Sie sind Mitarbeiterin des Rechnungswesens der „Meyer OHG". Folgende Rechnungen, die auf unser Unternehmen ausgestellt wurden, müssen Sie buchen. Nach Erledigung des Verbuchens sind die Stoffe- und Warenkonten über das GuV-Konto abzuschließen! **Wir ziehen regelmäßig Skonto!**

Berechnung des Finanzierungsvorteils

Zu Ihren Aufgaben muss es auch gehören, eigenverantwortlich zu prüfen, ob sich der Skontoabzug wirtschaftlich lohnt. Auch die IHK verlangt dieses Wissen. Bei einer solchen Aufgabenstellung werden folgende Dinge unterstellt:

- Ihr Unternehmen muss für den frühzeitigen Rechnungsausgleich **den eingeräumten Kontokorrent-kredit** (*Dispo*) in Anspruch nehmen

- Sie zahlen immer **am letztmöglichen Tag** unter Abzug von Skonto.

- Zum Zahlungsziel hätte Ihrem Unternehmen der fällige **Bruttobetrag in voller Höhe zur Verfügung gestanden**

Beispiel:

Ihnen liegt eine Rechnung der Leim AG vor. Diese lautet auf Brutto € 2.380,00. Der volle Betrag ist skontierfähig. Das Zahlungsziel ist: 8 Tage 2% Skonto, 30 Tage rein netto.

Rechnung:

Bruttorechnungsbetrag    € 2.380,00

davon 2% Skonto € 47,60 *(inklusive 19% USt)*

abzüglich 19% Vorsteuer sind dies dann € **40,00**

Der Zinssatz für die Inanspruchnahme des Kontokorrent-kredites ist 12%.

Rechnung:

Überweisungsbetrag    € 2.332,40

*Wir überweisen 22 Tage früher, als wir es spätestens tun müssten (30 Tage – 8 Tage)*

**Zinsbelastung** (2.332,40 [€] x 22 [Tage] x 12 [%]) / 360 x 100 = **€ 17,10**

Die Differenz zwischen Netto-Skontoabzug (€ 40,00) und Zinslast (€ 17,10) beträgt somit dann **€ 22,90.**

**Hierbei handelt es sich um den so genannten „Finanzierungsvorteil"!**

Die IHK akzeptiert bei der Ergebnisermittlung zwei (!) Lösungen. Zum einen die oben genannte (€ 22,90), zum anderen die Rechnung Brutto-Skontoabzug (€ 47,60) minus der Zinsbelastung (€ 17,10) = € 30,50. **Bitte rechnen Sie in jedem Fall mit dem Netto-Skontoabzug!**

Rücksendungen im Einkaufsbereich

Im Bereich des Einkaufs von Stoffen und Waren kann es dazu kommen, dass unser Unternehmen eben solche Dinge an den Lieferanten zurückgibt.

Auf den vorherigen Seiten haben wir uns mit den uns gewährten Nachlässen befasst. Zu diesen kann es auch kommen, wenn ein oder mehrere Artikel aufgrund von Mängeln **nachträglich rabattiert** werden. Der Lieferant schickt uns in diesem Fall eine Gutschrift über einen ausgehandelten Betrag zu, der quasi als Schadenersatz dienen soll.

Mängelrügen, die eine finanzielle Vergütung zur Folge haben, **ohne dass es aber zu einer Rücksendung der bemängelten Stoffe und Waren** kommt, haben <u>nichts</u> mit einer Rücksendung und der <u>nur darauf zutreffenden</u> Art des Verbuchens zu tun!

Achten Sie in Gutschriften, die Sie in den folgenden Übungen, aber auch in IHK-Prüfungen wiederfinden können, genau darauf, *warum* die Gutschrift erstellt wurde, beziehungsweise, was der Anlass für die Erstellung war!

Folgendes Beispiel (Gutschrift) betrifft eine Rohstofflieferung der Naturholz GmbH. Diese hatte und Fichtenholz geliefert, bei dem es sich jedoch nicht um 1-A-Ware gehandelt hat. Wegen dieses Mangels haben wir uns mit der Naturholz GmbH auf einen nachträglichen Rabatt von 20% einigen können.

```
                        Naturholz AG

             Am Sägewerk 77, 72599 Holzhausen

Meyer OHG

Möbelproduktion

Dieselstraße 17

33335 Gütersloh

                              Holzhausen, 30. April 20XX

Gutschrift

500 lfd. Meter    Fichtenholz      5,70/Meter €    2.750,00 €

                  darauf    20% Rabatt              550,00 €

                  zzgl. 19% USt.                    104,50 €

                  Bruttobetrag                      654,50 €
```

Diese Gutschrift wird als Nachlass behandelt, weil die bemängelte Ware bei uns verblieben ist. Es kam zu keiner Rücksendung!

Wir buchen diesen Vorgang wie gehabt:

44001 Naturholz AG     € 654,50

an   6001 Nachlässe Rohstoffe € 550,00

     und 2600 Vorsteuer   € 104,50

Nun kommen wir zu einem anderen Beispiel, einer echten Rücksendung von Stoffen.

Wir haben uns mit der Naturholz AG nicht auf einen aus unserer Sicht angemessenen Nachlass einigen können und bitten diese im Zuge einer Ersatzlieferung um die Abholung des Holzes. Die Naturholz AG lässt daraufhin 100 lfd. Meter Holz bei uns abholen und schreibt das wie folgt gut:

| **Naturholz AG** | | | |
|---|---|---|---|
| Am Sägewerk 77, 72599 Holzhausen | | | |
| Meyer OHG | | | |
| Möbelproduktion | | | |
| Dieselstraße 17 | | | |
| 33335 Gütersloh | | | |
| | | | Holzhausen, 30. April 20XX |
| **Gutschrift** | | | |
| *wegen der Rücksendung von* | | | |
| 100 lfd. Meter | Fichtenholz | 5,70/Meter € | 570,00 € |
| | zzgl. 19% USt. | | 108,30 € |
| | Bruttobetrag | | 678,30 € |

Sie haben bemerkt, dass in der Gutschrift explizit auf die Rücksendung hingewiesen wurde. Kommt es zu einer solchen

**Rücksendung**, dann **drehen wir den** ursprünglichen Buchungssatz, den wir im Zuge des Eingangs der Rechnung vorgenommen haben, um.

*Buchungssatz beim Eingang der Rechnung der Naturholz GmbH:*

6000 Aufwendungen Rohstoffe     € 2.750,00

und 6001 Bezugskosten Rohstoffe €   200,00

und 2600 Vorsteuer              €   560,50

an 44001 Naturholz AG           € 3.510,50

*Kommt es also zu einer Rücksendung, wird der oben genannte Buchungssatz einfach um 180° gedreht:*

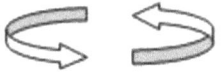

44001 Naturholz AG       €   678,30

an  6000 Aufwendungen Rohstoffe € 570,00

und 2600 Vorsteuer       € 108,30

**Also noch einmal:**

Erhalten wir von einem Lieferanten eine **Gutschrift als Entschädigung** für mangelhafte Stoffe, die bei uns verblieben sind, **buchen wir auf dem Konto „Nachlässe für …-Stoffe"**!

Erhalten wir von einem Lieferanten eine **Gutschrift, weil wir Stoffe zurückgesandt haben,** so **drehen wir den ursprünglichen Buchungssatz um!**

**Nachlässe beim Verkauf**

Kunden erhalten von uns als verkaufendem Unternehmen regelmäßig Nachlässe. Zum einen sind dies die so genannten **Sofortrabatte**, die Ihnen zum Beispiel vom Listenpreis eines Artikels gewährt werden.

Diese **Sofortrabatte** werden „innerhalb" der Rechnung abgezogen und deshalb von Ihnen als Buchhalter nicht gebucht! Ihre „Denke" beginnt bei den Netto-Rechnungsbeträgen.

Die **Nachlässe**, um die es nun hier gehen soll, sind **Skonti, Boni und sonstige nachträgliche Rabatte**. Im Bereich des Verkaufs sprechen wir durchweg von **„Erlösberichtigungen"**. *Wir berichtigen unsere beim Ausgang der Rechnung gebuchten Erlöse.* Egal, welche Art von Nachlass man einem Kunden gewährt, werden diese auf einem Konto gebucht. Man unterscheidet jedoch, **für welche Art von verkauften Gütern** diese Nachlässe gewährt werden:

- Erlösberichtigungen Eigene Erzeugnisse

- Erlösberichtigungen Handelswaren

Achten Sie also unbedingt darauf, für den Verkauf welcher Güter oder Leistungen dieser Nachlass gewährt wurde.

Wir stellen unserem Kunden Habenichts eigene Erzeugnisse im Wert von netto € 20.000,00 in Rechnung. Die Zahlungsbedingung lautet auf *„7 Tage unter Abzug von 2% Skonto, 30 Tage rein netto"*.

*Buchungssatz:*

*2400 Forderungen LuL € 23.800,00*

*an 5000 Erlöse e. Erzeugnisse € 20.000,00*
*und 4800 Umsatzsteuer € 3.800,00*

Kunde Habenichts zahlt die Rechnung so pünktlich, dass es ihm erlaubt ist, die gewährten 2% Skonto zu ziehen. Der zu überweisende Betrag ist somit um 2% zu reduzieren (vom Hundert!)

Er überweist nun zwar nur noch € 23.324,00, der offene Posten (€ 23.800,00) ist jedoch komplett auszubuchen – weil ihm die Minderung gestattet wurde!

Der gestattete Abzug (**Nachlass**) muss als solcher gebucht werden. Aber aufgepasst! Wir haben dem Kunden erlaubt, einen Teil der Rechnung nicht zu zahlen – also müssen wir die beim Ausgang gebuchte Umsatzsteuer (€ 3.800,00) **korrigieren**.

Der ursprüngliche Brutto-Rechnungsbetrag lautete auf

**€ 23.800,00**

Man überweisen uns unter Skontoabzug nur

noch 98%

**€ 23.324,00**

Der Betrag, den wir als Nachlass gewähren, ist

**€      476,00**

Das sind 2% des **Brutto**-Rechnungsbetrages. Also ist

dieser Betrag inklusive 19% USt. Teilen wir also durch     **1,19**

und heraus kommt der **Netto-Skontoabzug** von

**€      400,00**

Die Differenz zwischen Brutto- und Nettoabzug ist

**€      76,00**

und gleichzeitig der Betrag, um den wir die Umsatzsteuer

aus der Ausgangsrechnung **korrigieren müssen**!

*Buchungssatz:*

*2800 Bank   € 23.324,00*

*und 5001 Erlösberichtigung   €      400,00*

*und 4800 Umsatzsteuer  €      76,00*

*an 2400 Forderungen LuL € 23.800,00*

*So sehen die einzelnen Konten danach aus. Die kursiven Werte sind die beim Zahlungseingang gebuchten!*

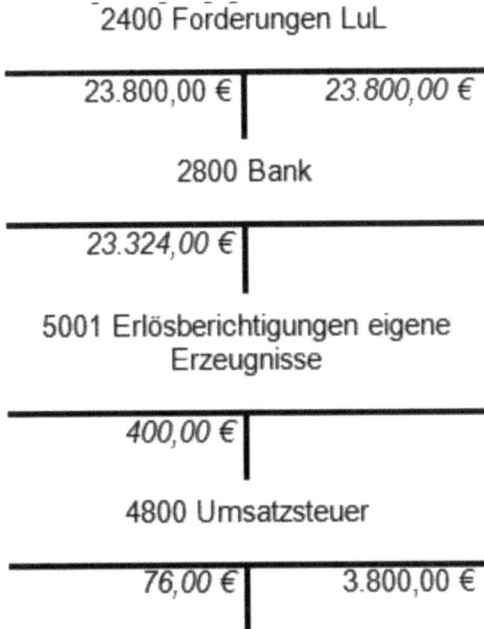

2400 Forderungen LuL

| 23.800,00 € | 23.800,00 € |

2800 Bank

| 23.324,00 € | |

5001 Erlösberichtigungen eigene Erzeugnisse

| 400,00 € | |

4800 Umsatzsteuer

| 76,00 € | 3.800,00 € |

Die Vorgehensweise bei den gewährten Nachlässen ist also denen im Einkauf mehr als ähnlich. Genauso verhält es sich auch, wenn wir dem Kunden nicht Skonti, Boni oder nachträgliche Rabatte einräumen, <u>sondern er uns</u> – warum auch immer – <u>die Waren zurückschickt</u>.

Genau wie in der Beschaffung (dem Einkauf) drehen wir dann den Buchungssatz, der sich aus der ursprünglichen Ausgangsrechnung ergeben hatte, um.

*Buchungssatz beim Ausgang der Rechnung an den Kunden Müller GmbH:*

2400 Forderungen LuL     € 3.570,00

an   5000 Erlöse eigene Erz..  €     3.000,00

und 4800 Umsatzsteuer        €       570,00

*Kommt es also zu einer Rücksendung, wird der oben genannte Buchungssatz einfach um 180° gedreht:*

| | |
|---|---|
| 5000 Erlöse eigene Erzeugnisse | € 3.000,00 |
| an   2400 Forderungen LuL | € 3.570,00 |
| und 4800 Umsatzsteuer | €    570,00 |

Sie haben auf diesem Wege die ursprüngliche Buchung **storniert**. Die Forderungen, die Erlöse und die Umsatzsteuerschuld wurden so *neutralisiert*.

Versuchen Sie, die auf der Folgeseite genannten Beispiele daraufhin zu prüfen, ob es sich um eine Erlösschmälerung oder um eine Rücksendung handelt. Buchen Sie entsprechend.

## Anlagevermögen

In den ersten Übungen zum betrieblichen Rechnungswesen haben wir uns auch mit dem Kauf von Anlagegütern beschäftigt. Dabei ging es aber allein um einen **Aktivtausch** oder um eine **Aktiv-/Passiv-Mehrung**, die die Anschaffung eines Anlagegutes verursacht hat.

In den vorherigen Kapiteln haben wir uns aber mit den Aufwands- und den Ertragskonten beschäftigt. Konten, deren Salden Auswirkungen auf das betriebliche Ergebnis haben.

Beim reinen Buchen auf Bestandskonten ergibt sich „Null" Auswirkung auf den Erfolg unseres Unternehmens. **Wie aber wird berücksichtigt, dass doch der Wert eines erworbenen Anlagegutes mit zunehmendem Alter, bzw. mit anhaltender Nutzung sinkt?** Um dies zu erfahren, müssen wir uns näher mit den **Grundlagen der Anlagenbuchführung** befassen. Diese wird parallel zur eigentlichen Buchführung vorgenommen. Sie gilt als **Nebenbuch**.

Zu allererst müssen wir ermitteln, welchen Wert das neue Anlagegut hat. Der **Wert** ist mit dem Begriff **„Anschaffungs- und Herstellungskosten"** gleichzusetzen. Das sind die Kosten, die die Anschaffung, bzw. die Herstellung eines Anlagegutes verursacht hat.

Nehmen wir ein Beispiel: Die „Technik AG" hat uns eine große Fräse zur Bearbeitung der Hölzer (Rohstoffe) geliefert. Die Rechnung sah wie folgt aus:

Meyer OHG

Möbelproduktion

Dieselstraße 17

33335 Gütersloh

Hamburg, 19. April 20XX

**Rechnung**

Unsere Lieferung vom 17.04.20XX

| 1 Stück | Holzfräse „Fortuna" | 22.400,00 € |
|---------|---------------------|-------------|
|         | Frachtkosten | 980,00 € |
|         | Nettobetrag | 23.380,00 € |
|         | zzgl. 19% USt. | 4.442,20 € |
|         | Brutto-Rechnungsbetrag | 27.822,20 € |

*Zahlungsbedingung: 10 Tage 2 % Skonto auf den reinen Maschinenpreis, 30 Tage netto Kasse*

Nun also müssen wir zuerst herausfinden, wie hoch **die Anschaffungs-/Herstellungskosten** für die Fräse ausgefallen sind.

Dazu einen **Merksatz: Zu den Anschaffungs- und Herstellungskosten (AHK) zählen alle Kosten, die entstanden sind, um das Anlagegut in einen betriebsbereiten Zustand zu versetzen!**

„*Betriebsbereit*"… Welche Kosten aus obiger Rechnung zählen dazu?

Erst einmal natürlich der **Kaufpreis der Maschine = 22.400,00 €**. Aber, wäre die Maschine *betriebsbereit*, wenn sie nicht zu uns transportiert worden wäre? Nein! Also müssen wir die **Frachtkosten** in Höhe von **980,00 €** hinzurechnen.

Was tun wir mit der in der Rechnung ausgewiesenen **Umsatzsteuer**? Nichts! Sie erinnern sich sicher, dass diese ein **durchlaufender Posten** ist. Vom Betriebsstätten-Finanzamt erhalten wir diese zurück.

**Die *vorläufigen* Anschaffungskosten (AHK) liegen somit bei 23.380,00 €.**

Wir wird dieser Vorgang nun gebucht?

*0700 TAM* € 23.380,00

*und 2600 Vorsteuer* € 4.442,20

*an 44006 Technik AG* € 27.822,20

Sie sehen, die Frachtkosten werden <u>nicht</u> auf einem separaten Konto verbucht, sondern sie werden – weil sie zu den Anschaffungs-/Herstellungskosten zählen – in einem Betrag mit dem Kaufpreis des eigentlichen Gutes gebucht. Man spricht dabei von der **Aktivierung**.

Auf der Seite zuvor haben Sie die Formulierung **„vorläufige Anschaffungs- und Herstellungskosten (AHK)"** gelesen. Zugegeben – wieder ein neuer Begriff, den Sie sich merken müssen.

Diese Vorläufigkeit bezieht sich auf die in der Rechnung genannte Zahlungsbedingung:

*„Zahlungsbedingung: **10 Tage 2 % Skonto auf den reinen Maschinenpreis**, 30 Tage netto Kasse"*

Bei der Anschaffung von Stoffen und Waren haben wir den Skontoertrag als „Nachlässe" gebucht. Beim Kauf eines Anlagegutes ist dies

anders. **Der Nachlass der „Technik AG"**
**mindert die Anschaffungskosten der Fräse!**

Der Rechnungssteller schreibt, dass nur vom
reinen Maschinenpreis (22.400,00 €) Skonto
gezogen werden darf. Bei 2% entspricht dies
448,00 €, die die AHK mindern.

Der Buchungssatz beim Ausgleich der
Rechnung durch Banküberweisung lautet:

*44006 Technik AG*    *€ 27.822,20*

     *an*      *2800 Bank*    *€ 27.289,08*

     **und**      **0700 TAM**      **€**     **448,00**

     *und 2600 Vorsteuer*    *€*     *85,12*

Nun ermitteln wir die **endgültigen AHK**:

| | |
|---|---|
| Kaufpreis Fräse netto | € 22.400,00 |
| +Frachtkosten | €    980,00 |
| -Skonto (Nachlass netto) | €    448,00 |
| **AHK (endgültig)** | **€ 22.932,00** |

Dieser Betrag muss auf dem Konto „Technische Anlagen und Maschinen" wieder zu finden sein!

Nun haben wir die endgültigen Anschaffungskosten der Fräse mit € 22.932,00 ermittelt. Mit diesem Betrag haben wir die Fräse *aktiviert*. Das heißt, dieser Wert ist so in unserer Finanzbuchhaltung und später dann in der Bilanz wiederzufinden. Aber, stopp! Hat die Fräse am Ende des Jahres noch den Wert, zu dem wir sie am 19. April erworben haben? Nein, natürlich nicht. Die Maschine hat in den etwas mehr als acht Monaten an Wert verloren.

**Die erworbene Maschine zählt – wie wir wissen – zum Vermögen** unseres Unternehmens. Wenn dieses **Vermögen** durch Nutzung und/oder durch Alterung an Wert verliert, müssen wir dies in der Finanzbuchhaltung berücksichtigen.

Sie erinnern sich, wie wir dies zum Beispiel bei unbrauchbaren Rohstoffen gemacht haben. Wir buchten den Verlust an Rohstoffen als **Aufwand**. Und genauso verfahren wir auch beim **Wertverlust des Anlagevermögens**; nur nennen wir den **Werteverzehr** dann anders. Wir sprechen dabei von der *Abschreibung*.

Oder aber auf von der *Absetzung für Abnutzung – kurz AfA*.

Doch in welcher Höhe darf die *Abschreibung (AfA)* berücksichtigt werden, bzw. um welchen Betrag darf die AfA unseren Gewinn mindern? Denn auch dieses Konto wird **über das Gewinn- und Verlustkonto** abgeschlossen.

Dazu gibt der Gesetzgeber klare Vorgaben. Für alle erdenklichen Anlagegüter hat er eine Tabelle zusammengestellt. Und in dieser *Abschreibungstabelle* ist genau geregelt, über wie viele Jahre üblicherweise ein Anlagegut genutzt wird. Aus dieser Angabe lässt sich dann die **jährliche Abschreibung** ermitteln, die bei unserer Fräse zu berücksichtigen ist.

Nehmen wir einmal an, dass für den Bereich der Holzverarbeitung eine stationäre **Fräse** über einen Zeitraum von **10 Jahren** abzuschreiben ist. Dann steht es unserem Unternehmen zu, die Anschaffungskosten über eben diesen Zeitraum nach und nach als Abschreibung zu berücksichtigen.

Unterstellen wir, dass der **Tag der Anschaffung der 19. April 2014** war, so heißt das, dass die Maschine **bis 2023**

**abzuschreiben** ist. Aber – mit welchem jährlichen Betrag? Ganz einfach:

Die Anschaffungskosten betrugen € 22.932,00. Über einen Zeitraum von 10 Jahren ist dieser Betrag abzuschreiben:

$$\frac{\text{Anschaffungskosten}}{\text{Nutzungsdauer laut AfA-Tabelle}}$$

$$\frac{22.932,00}{10}$$

**AfA pro Jahr = € 2.293,20**

Gut, auf diese Weise wird – so einfach es aussehen mag – für jedes Gut die jährliche Abschreibung ermittelt; der Betrag, der **für die Nutzung in einem <u>ganzen Wirtschaftsjahr</u>** unseren Gewinn mindern darf.

Aber… Schauen wir noch einmal auf das Datum, an dem wir die Fräse erworben haben und an dem sie auch betriebsbereit war: **Der 19. April 2014!** Demzufolge haben/können wir das Wirtschaftsgut nicht *ein komplettes Wirtschaftsjahr* nutzen! Also (wiederum eine Folge) dürfen wir auch nicht die *Jahresabschreibung* geltend machen, sondern **nur einen Teil dessen**.

**Wichtig!** Jeder Monat, in dem ein Anlagegut genutzt wurde (auch in Bruchteilen!), gilt als ein **voll genutzter Monat**. In unserem Fall war es der 19. April. Dem Gesetz nach dürfen wir also die Abschreibung auch für den ganzen April nutzen. Rechnen wir dies einmal aus:

$$\frac{22.932,00}{10 \text{ Jahre}}$$

= 2.293,20 an jährlicher AfA

$$\frac{2.293,20}{12 \text{ Monate}}$$

= 191,10 an monatlicher AfA

191,10 x der genutzten Monate (April bis Dezember)

= 191,10 x 9

**= € 1.719,90**

Dies ist die Abschreibung im *Jahr der Anschaffung*. Ergo: Um diesen Betrag wird unser Gewinn gemindert. Doch wie wird das dann gebucht?

*Zuerst ist das Konto mit den endgültigen Anschaffungskosten der Fräse bebucht worden.*

0700 Technische Anlagen und Maschinen

| 22.932,00 € | |
|---|---|

*Nun buchen wir die Abschreibung des Jahres 2014 mit dem Buchungssatz:*

**Abschreibungen auf Sachanlagen an TAM 1.719,90**

6520 Abschreibungen auf Sachanlagen

| 1.719,90 € | |
|---|---|

0700 Technische Anlagen und Maschinen

| 22.932,00 € | 1.719,90 € |
|---|---|

Wenn wir nun den Saldo des Kontos TAM ermitteln wollen, bilden wir einfach die Differenz aus der Soll- und aus der Haben-Position:

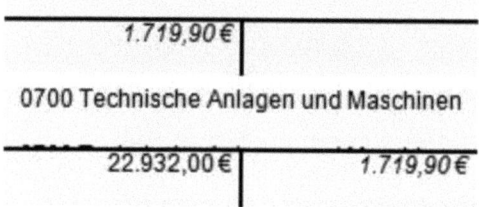

0700 Technische Anlagen und Maschinen

| 22.932,00 € | 1.719,90 € |
|---|---|
| | **21.212,10 €** |

Dies ist der *restliche Wert*, den die Fräse (zumindest rein rechnerisch) am 31.12.2014 hat. Im Fachdeutsch spricht man vom **Restbuchwert**, dem „restlichen Wert, mit dem die Maschine in den Büchern steht".

Der Restbuchwert wird rechnerisch ermittelt und mit dem Buchungssatz

### *8010 Schlussbilanzkonto an 0700 TAM € 21.212,10*

in das SBK gebucht.

Abschreibungsmethoden
In dem Beispiel der von uns erworbenen Fräse haben wir unterstellt, dass das Anlagegut gemäß AfA-Tabelle über einen Zeitraum von zehn Jahren abgeschrieben wird.

Bei der Berechnung der jährlichen AfA haben wir die endgültigen Anschaffungskosten durch die Nutzungsdauer laut AfA-Tabelle geteilt. Damit haben wir erreicht, dass über die fiktive Nutzungsdauer hinweg immer **der gleiche Betrag** abgeschrieben wird. Im Falle unserer Fräse waren dies € 2.293.20.

Wir sind gleich mit dieser **Abschreibungsmethode** gestartet, weil dies die gängigste ist. Die gewählte Abschreibungsart ist die **lineare Abschreibung**. *Linear* deshalb, **weil der Betrag** der jährlichen Abschreibung über die Nutzungsdauer hinweg **gleich bleibt**.

Ein weiterer wichtiger Punkt, den man sich merken muss ist, dass die jährliche Abschreibung **bei der linearen AfA von den Anschaffungskosten ermittelt** werden muss.

Folgende *Entwicklung des Anlagevermögens* ergibt sich daraus:

| | |
|---|---|
| Anschaffungskosten | € 22.932,00 |
| AfA im Jahr der Anschaffung | €   1.719,90 |
| Restbuchwert 31.12.2014 | € 21.212,10 |
| AfA 31.12.2015 | €   2.293,20 |
| Restbuchwert 31.12.2015 | € 18.918,90 |
| AfA 31.12.2016 | €   2.293,20 |
| Restbuchwert 31.12.2016 | € 16.625,70 |
| … | |
| Restbuchwert 31.12.2022 | €   2.866,50 |
| AfA 31.12.2023 | €   2.293,20 |
| Restbuchwert 31.12.2023 | €     573,30 |
| AfA 31.03.2024 | €     572,30 |
| Restbuchwert 31.03.2024 | €         1,00 |

Üblicherweise wird im letzten Jahr der *Nutzungsdauer laut AfA-Tabelle* nicht der maximal mögliche Betrag als Aufwand gebucht.

Man lässt **1 Euro** Restbuchwert für die Fräse in der Fibu bestehen. Dieser Wert soll daran *erinnern*, dass das Anlagegut noch existent ist. Deshalb spricht man vom **Erinnerungswert**.

Degressive Abschreibung

Die zweite Möglichkeit, ein Anlagegut abzuschreiben, heißt **degressive Abschreibung**. Bei dieser Abschreibungsart – die im Augenblick seitens des Gesetzgebers nicht zulässig ist – darf das Anlagegut zu Beginn der Nutzung mit einem höheren Betrag abgeschrieben werden.

Die **maximale Höhe des degressiven Abschreibungssatzes** errechnet sich wie folgt:

Der Abschreibungssatz der linearen Abschreibung [in unserem Fall 10%] wird mit der Zahl 2,5 multipliziert. Das sich daraus ergebende Ergebnis das den Wert 25 [%] nicht überschreiten.

Wir errechnen dies am Beispiel der Fräse:

*Abschreibungssatz 10% [100% / 10 Jahre] x 2,5 = **25%**.*

Bei der degressiven Abschreibung wird die AfA nicht von den Anschaffungskosten berechnet, sondern **vom Restbuchwert des jeweiligen Vorjahres**. Rechnen wir dies am Beispiel unserer Fräse durch:

| | |
|---|---|
| Anschaffungskosten | € 22.932,00 |
| AfA im Jahr der Anschaffung | € 4.299,75 |
| *[22.932 x 25% / 12 x 9]* | |
| Restbuchwert 31.12.2014 | € 18.623,25 |
| AfA 31.12.2015 | € 4.655,81 |
| *[25% von 18.623,25]* | |
| Restbuchwert 31.12.2015 | € 13.967,44 |
| AfA 31.12.2016 | € 3.491,86 |
| *[25% von 13.967,44]* | |
| Restbuchwert 31.12.2016 | € 10.475,58 |
| AfA 31.12.2017 | € 2.618,90 |
| *[25% von 10.475,58]* | |
| Restbuchwert 31.12.2017 | € 7.856,68 |
| AfA 31.12.2018 | € **1.964,17** |
| *[25% von 7.856,68]* | |
| Restbuchwert 31.12.2018 | € 5.892,51 |
| … | |

Sie können aus der Wahl dieser Abschreibungsmethode drei Dinge folgern: Zum einen ist es für den steuerpflichtigen Unternehmer von Vorteil, seinen Gewinn zu Beginn der Nutzung um einen relativ hohen Betrag zu mindern.

Zweitens würden wir bei Beibehaltung der degressiven AfA niemals einen Restbuchwert von „0 Euro" erreichen, weil wir immer vom Restbuchwert 25% abschreiben.

Die dritte Sache ist die, dass die Abschreibung im Jahr 4 nach der Anschaffung mit € 1.964,17 unter der möglichen linearen Abschreibung in Höhe von € 2.293,20 liegt. Nun ist die **Beibehaltung der degressiven AfA nicht mehr wirtschaftlich sinnvoll**.

Nun gibt es also zwei Argumente dafür, die degressive AfA nicht exzessiv zu betreiben. Es würde auch wirklich keinen Sinn machen. Aus diesem Grund hat der Unternehmer die Möglichkeit **von der degressiven zur linearen Abschreibung zu wechseln**. Wir tun dies **in dem Jahr, in dem die lineare Abschreibung über der degressiven Abschreibung** liegt! Ein Wechsel von der linearen AfA zur degressiven macht keinen Sinn und ist nicht zulässig!

Der Grund dafür, dass wir das System der degressiven AfA kennen müssen, obwohl sie im Augenblick nicht mehr zulässig ist, liegt darin, dass ein Betrieb, der [zuletzt 2010] noch *legal* diese AfA-Art wählte, noch ein solches Gut im Anlagevermögen haben kann.

*Auf der Folgeseite geht es noch um die letzte Art der Abschreibung, die* **AfA nach Leistungseinheiten**.

Abschreibung nach Leistungseinheiten

Seitens der Hersteller von Maschinen etc. kann uns auch die **Zahl der Betriebsstunden** genannt werden, die die Fräse normalerweise nutzbar ist. Sprich: bis sie verbraucht und unbrauchbar ist.

Nehmen wir an, die Technik AG hat uns für die Fräse eine zu erwartende Nutzungsdauer von 4.000 Betriebsstunden genannt. Dann ermitteln wir die **Abschreibung nach Leistungseinheiten** wie folgt:

$$\frac{\text{Anschaffungskosten}}{\text{Nutzungsdauer in Std.}}$$

$$\frac{22.932,00}{4.000}$$

**AfA pro Stunde [Leistungseinheit] = € 5,733**

Nutzen wir die Fräse im Jahr der Anschaffung für zum Beispiel 1.100 Stunden, so können wir die **Absetzung für Abnutzung** leicht ermitteln:

1.100 [Leistungseinheiten] x [€] 5,733 = **€ 6.306,30**

Auch bei dieser AfA-Methode berücksichtigt man üblicherweise einen Erinnerungswert von € 1,- der in der Finanzbuchhaltung bestehen bleibt.

Geringwertige Wirtschaftsgüter

Auch wenn es kaum zu glauben ist, so macht der Gesetzgeber Eingeständnisse gegenüber den Unternehmen. Diese ermöglichen es den Steuerpflichtigen, den Arbeitsaufwand zumindest in Teilen des betrieblichen Rechnungswesens klein zu halten.

So zum Beispiel bei Anschaffungen, die eigentlich im vollen Umfang in der Anlagenbuchführung zu berücksichtigen sind, deren **Wert aber eher als unerheblich** einzustufen ist. Hierbei sind **drei Wertegrenzen** zu beachten!

Beispiel Wertegrenze 1:

Ihr Unternehmen erwirbt beim örtlichen PC

Markt einen Multifunktionsdrucker für brutto

€ 107,10 bar.

Eigentlich müssten wir diesen in der Anlagenbuchführung voll erfassen, ein eigenes Anlagenkarteiblatt führen und und und …

Um den Aufwand für den Unternehmer zu minimieren, braucht er dies nicht tun und kann die Anschaffungskosten **sofort und vollständig als Aufwand buchen**.

Üblicherweise verwendet man die Konten „Sonstige betriebliche Aufwendungen" oder aber auch „Bürobedarf".

Buchungssatz:
6930 Sonstige betr. Aufw.     € 90,00
und 2600 Vorsteuer             € 17,10
an 2880 Kasse                 € 107,10

Eine **Voraussetzung** für die Nutzung dieser Vereinfachungsregel ist es, dass die **Netto-Anschaffungskosten** des Anlagegutes **unter € 150,01** liegen.

Beispiel Wertegrenze 2:

Ihr Unternehmen erwirbt bei einem

Fachhändler eine Spiegelreflex-Kamera für

brutto € 464,10. Wir zahlen wieder bar.

Der Anschaffungspreis liegt mit netto € 390,00 definitiv über den € 150,00, dennoch können wir auch bei diesem Gut von einer **Vereinfachungsregel** profitieren. Liegen die Anschaffungskosten zwischen € 150,01 und € 410,00 netto (man spricht dabei von **Geringwertigen Wirtschaftsgütern**), so darf der Unternehmer die erworbenen Anlagegüter **im Jahr der Anschaffung voll abschreiben**!

Buchungssatz:
GWG            € 390,00
und Vorsteuer  €  74,10
an Kasse       € 464,10


Buchung 31.12.20XX:

AfA auf Sachanlag.an GWG   € 390,00

Im Zuge der Wirtschaftskrise 2008/2009 musste der Gesetzgeber auch bei den Geringwertigen Wirtschaftsgütern einschreiten und **setzte die gesetzliche Regelung** für ein

Jahr **außer Kraft**. Stattdessen führte er eine neue Variante mit einer neuen Wertgrenze ein.

Beispiel Wertgrenze 3:

Das Unternehmen, für das Sie arbeiten, erwirbt

am 15.04.20XX einen Schreibtisch für netto

€ 400,00. Sie kaufen diesen auf Ziel.

Im Jahr 2009 war es Ihnen nur gestattet, Wirtschaftsgüter bis zu einem Netto-Anschaffungspreis von € 150,00 im Jahr der Anschaffung als Aufwand zu buchen. Alle **Anschaffungen mit einem Netto-Wert zwischen € 150,01 und € 1.000,00** mussten (in einem so genannten **GWG-Pool** aktiviert) und über einen **Zeitraum von 5 Jahren linear abgeschrieben** werden. Die Güter, deren AHK über € 1.000,00 lagen, musste man gemäß AfA-Tabelle abschreiben.

Buchungssatz:

GWG-Pool € 400,00 und Vorsteuer € 76,00

an Verbindlichkeiten .LuL € 476,00

Buchung 31.12.XX: AfA auf Sachanl. GWG-Pool € 80,00

Seit ein paar Jahren ist es so, dass der Unternehmer ein **Wahlrecht** hat. Er kann wählen, ob er Geringwertige Wirtschaftsgüter mit Anschaffungskosten von **€ 150,01 bis € 410,00 im Jahr der Anschaffung** voll abschreibt **oder** ob er alle Güter mit einem Anschaffungspreis von **€ 150,01 bis € 1.000,00 über fünf Jahre** verteilt **abschreibt**.

Dieses **Wahlrecht** steht ihm für **jedes Wirtschaftsjahr neu** zu. Entscheidet er sich in 20XX einmal für eine Variante, so hat er diese **für das ganze Geschäftsjahr beizubehalten**.

Zusammenfassung:

- AHK bis netto € 150,00 – im Jahr der Anschaffung als Aufwand buchen.

- AHK bis netto € 410,00 – das GWG im Jahr der Anschaffung voll abschreiben

*oder*

- AHK zwischen € 150,01 und € 1.000,00 netto – in einem GWG-Pool über 5 Jahre linear abschreiben.

- Das Wahlrecht (GWG und GWG-Pool) besteht für jedes Jahr neu, muss aber in einem Jahr beibehalten werden.

Lohn und Gehalt

Wie auch schon bei den Mitarbeitern der *Anlagebuchführung* handelt es sich bei den Kollegen, die sich mit der Abrechnung der *Löhne & Gehälter* beschäftigen, um separate Abteilungen. Sie, als Mitarbeiterin der *Buchführung*, haben mit dem Ermitteln der Bruttobezüge, der steuerlichen und sozialversicherungsrechtlichen Abzüge nichts zu tun. Ihnen wird nach dem Erstellen der Lohnabrechnungen eine **Buchungsliste** übergeben. Die darin enthaltenen **Geschäftsfälle** sind von Ihnen in die laufendende monatliche Buchführung zu übernehmen. Im Normalfall sind dies die letzten Buchungen, bevor die Rechnungsperiode abgeschlossen werden kann.

Das Verbuchen der Liste ist in der Arbeitswelt Normalität. Das heißt, Ihre Arbeit würde sich auf diese „stumpfe" Tätigkeit beschränken. Sie sollen aber in der Lage sein, zu erkennen, ob die Ihnen übergebene Buchungsliste „stimmig" ist oder ob sich ein Fehler eingeschlichen hat.

Überlegen wir zuerst, welche Beträge als Resultat der Lohnabrechnungen gebucht werden müssen:

*Bestandteil der Lohnabrechnung*

Brutto-Löhne
Brutto-Gehälter
Zusatzleistungen des AG (z.B. VL-Zuschuss)
Lohnsteuer
Kirchensteuer
Solidaritätszuschlag
Rentenversicherungsbeitrag (AN)
Krankenversicherungsbeitrag (AN)
Pflegeversicherungsbeitrag (AN)
Arbeitslosenversicherungsbeitrag (AN)
Netto-Betrag
Netto-Abzüge (z.B. VL-Sparbetrag)
Auszahlungsbetrag

Eine Menge an Informationen, die wir der Lohnabrechnung entnehmen können. Diese Daten stecken in einer *einzigen* Abrechnung. Nun stellen wir uns vor, Sie arbeiten in einem Unternehmen, das zum Beispiel mehr als 100 Beschäftigte hat.

Würden Sie am Monatsende jede einzelne Lohnabrechnungen auseinander „dröseln" und verbuchen, kämen Sie zu keiner anderen Arbeit mehr. Deshalb **werden die Daten aller Lohn- und Gehaltsabrechnungen aufsummiert und in Summe gebucht**. Das spart Zeit und Nerven.

Nehmen wir uns die Liste zur Hand und schauen wir zuerst einmal nach, ob wir nicht einen Teil der Einzelpositionen zusammenfassen können.

*Bestandteil der Lohnabrechnung und wer ist der Zahlungsempfänger?*

Brutto-Löhne
Brutto-Gehälter
Zusatzleistungen des AG (z.B. VL-Zuschuss)
Lohnsteuer
    *Finanzbehörde*[2]
Kirchensteuer
    *Finanzbehörde*
Solidaritätszuschlag
    *Finanzbehörde*
Rentenversicherungsbeitrag (AN)
    *Krankenkasse*[3]

---

[2] Die Bezeichnung „Finanzbehörde" ist nur für die schriftliche Prüfung wichtig. Die IHK spricht bei Schulden gegenüber dem [ugs.] „Finanzamt" immer von *„Verbindlichkeiten gegenüber Finanzbehörde"*.

Krankenversicherungsbeitrag (AN)
*Krankenkasse*
Pflegeversicherungsbeitrag (AN)
*Krankenkasse*
Arbeitslosenversicherungsbeitrag (AN)
*Krankenkasse*
Netto-Betrag
Netto-Abzüge (z.B. VL-Sparbetrag)
*Bausparkasse*[4]
Auszahlungsbetrag
*Mitarbeiter*

So lassen sich die Einzelpositionen auf eine viel kleinere Zahl an Werten herunter reduzieren:

Brutto-Löhne
Brutto-Gehälter
Zusatzleistungen des AG
Steuerliche Abzüge

---

[3] Unter „Krankenkasse" versteht man beim Verbuchen der Löhne und Gehälter immer *die* Krankenkasse des Arbeitnehmers.

[4] „Bausparkasse" ist nur ein Beispiel. Empfänger dieser Zahlungen kann auch die eigene Hausbank sein (Sparvertrag) oder die X-Bank, wenn man einen Vertrag über Wertpapiersparen abgeschlossen hat.

Sozialversicherungsrechtliche Abzüge
Netto-Betrag
Netto-Abzüge
Auszahlungsbetrag

Übernehmen wir diese Liste auf die nächste Seite und überlegen, welche Fibu-Konten betroffen sind.

Brutto-Löhne
**Aufwand    Aufwendungen Löhne**
Brutto-Gehälter
**Aufwand    Aufwendungen Gehälter**
VL-Zuschuss AG
**Aufwand[5]    Aufwendung. Löhne/Gehälter**
Steuerliche Abzüge
**Schulden[6]    Verb. geg. Finanzbehörde**
Sozialvers. Abz.

---

[5] „VL-Zuschüsse" des Arbeitgebers sind ein Bestandteil des Bruttoentgeltes/Bruttolohns. Dieser werden nicht separat, sondern auf dem gleichen Konto wie Lohn und/oder Gehalt gebucht.

[6] Der Arbeitgeber *hat* den Mitarbeiter mit Lohn- und Kirchensteuer und dem Soli-Zuschlag zu belasten. Der Arbeitgeber ist verpflichtet, diese „steuerlichen Abzüge" an sein Finanzamt abzuführen. Er (der Unternehmer) schuldet dem Finanzamt diese Beträge.

**Schulden[7] SV-Vorauszahlung[8]**
Netto-Betrag
*wird nicht gebucht*
Netto-Abzüge
**Schulden[9] Verb. aus Vermögensbildung**
Auszahlungsbetrag
**Schulden[10] Bank**

---

[7] Der Arbeitgeber *hat* den Mitarbeiter mit den auf seinen Lohn/sein Gehalt entfallenden Sozialversicherungsbeiträgen zu belasten. Er (der Unternehmer) ist der direkte Schuldner gegenüber der gesetzlichen Krankenversicherung.

[8] Die Schulden, die sich aus dem Abzug der Sozialversicherungsbeiträge ergeben, sind (aus Sicht der IHK) auf diesem Konto zu verbuchen. Lassen Sie sich nicht durch die Kontenbezeichnung irritieren.

[9] Der Arbeitgeber zieht dem Mitarbeiter (in dessen Auftrag) einen Teil seines Nettoentgeltes ab und überweist ihn an (zum Beispiel) die Bausparkasse des Mitarbeiters. Die Überweisung *hat* am gleichen Tag zu erfolgen, an dem auch der Auszahlungsbetrag an den Mitarbeiter überwiesen wird.

[10] Der Arbeitgeber schuldet dem Mitarbeiter den Auszahlungsbetrag. Üblicherweise wird dieser erst einmal als „Verbindlichkeiten Lohn und Gehalt" gebucht. Die IHK unterstellt jedoch oft, dass der Betrag sofort zu Lasten der Hausbank des Arbeitgebers überwiesen wird.

Dass ganze Prozedere ist recht abstrakt und ohne Beispiel-Zahlen ist es nur schwer nachvollziehbar. Deshalb…

Die Lohnabrechnung des Mitarbeiters Answar El Sadat zeigt folgende Werte:

| | |
|---|---|
| Brutto-Lohn | 2.500,00 € |
| VL-Zuschuss AG | 40,00 € |
| Lohn-/Kirchensteuer/Soli | 610,00 € |
| RV/KV/PV/AV | 680,00 € |
| Nettobetrag | 1.250,00 € |
| VL-Sparbetrag | 50,00 € |
| Auszahlungsbetrag | 1.200,00 € |

Übernehmen wir diese Zahlen nun noch einmal von der vorherigen Seite und rufen uns die Fibu-Konten in Erinnerung:

*Positionen/Summen der Lohnabrechnung*
*Konto in der Finanzbuchhaltung*

Brutto-Lohn      2.500,00 €
6200 **Aufwendungen Löhne**
VL-Zuschuss AG      40,00 €
6200 **Aufwendungen Löhne**
Lohn-/KiSt/Soli      610,00 €
4830 **Verb. geg. FB**
RV/KV/PV/AV      680,00 €

2640 **SV-VZ**
Nettobetrag        1.250,00 €
VL-Sparbetrag       50,00 €
4860 **Verb. aus VB**
Auszahlung        1.200,00 €
2800 **Bank**

Für das Verbuchen der Lohnabrechnung benötigen wir also fünf Sachkonten. Die Kammer verlangt, dass Sie in der Lage sind, diese Abrechnungen in einem **zusammengesetzten Buchungssatz** zu buchen.

Nun halten wir noch einmal auseinander, auf welcher „Seite" (*im Soll oder im Haben*) die einzelnen Konten bebucht werden müssen:

Konto in der Finanzbuchhaltung        Buchung im…    zu buchender Betrag

Aufwendungen Löhne
Soll          2.540,00 €
Verb. geg. FB
Haben          610,00 €
SV-Vorauszahlung
Haben          680,00 €
Verb. aus VB
Haben           50,00 €
Bank
Haben         1.200,00 €

Unser Buchungssatz muss somit lauten:

6200 Aufwendungen Löhne   2.540,00 €
an   4830 Verb. geg. Finanzbehörde 610,00 €
und 2640 SV-Vorauszahlung      680,00 €[11]
und 4860 Verb. aus Vermögensbild.   50,00 €
und 2800 Bank   1.200,00 €

Unterstellen wir einmal, dass der **Arbeitgeberanteil zur SV** 660,00 beträgt, so müssen wir den wie folgt buchen:

**6400 Aufwendungen SV an 2640 SV-VZ 660,00 €**

Nun noch ein paar erklärende Worte zum Konto **„SV-Vorauszahlung"**. Wenn Sie sich mit der Entgeltabrechnung beschäftigt haben, ist Ihnen bekannt, dass der Arbeitgeber bis zum 5.letzten Bankarbeitstag eines jeden Monats ermittelt haben muss, in welcher Höhe Beiträge zur Sozialversicherung erwartet werden. Das kann –

---

[11] Bei den 680,00 € handelt es sich nur um die Beiträge zur Sozialversicherung, die dem Mitarbeiter Sadat abgezogen wurden. Der Arbeitgeber hat zusätzlich seinen Anteil zu zahlen. Dieser muss dann als Aufwand gebucht werden.

besonders bei Lohnempfängern – nur auf dem Wege der Schätzung erfolgen.

Die so ermittelten Beiträge zur Sozialversicherung werden in einem **Beitragsnachweis** an die zuständigen Krankenkassen (die des Mitarbeiters) gemeldet. Und da es sich um eine **Schätzung** handelt, spricht man von den „**Geschätzten Beitragsnachweisen**".

Am 3.letzten Bankarbeitstag muss den Krankenkassen dann der **geschätzte Beitrag** „zur Verfügung stehen". Haben wir den einzelnen Krankenkassen eine Einzugsermächtigung erteilt, so wird unser Geschäftskonto exakt an diesem Tag mit den gemeldeten Beiträgen zur Sozialversicherung belastet.

Unterstellen wir, dass wir uns *ver*schätzt und der Krankenkasse **1.200,00 €** gemeldet haben.

So sieht das Konto aus, wenn uns die Krankenkasse des Mitarbeiters mit den geschätzten SV-Beiträgen belastet:

**2640 SV-Vorauszahlung**

| Bank | 1.200,00 € | |
|---|---|---|

Nun buchen wir die auf der vorherigen Seite ermittelten Beiträge des Arbeitnehmers:

**2640 SV-Vorauszahlung**

| Bank | 1.200,00 € | AN-Anteil | 680,00 € |
|---|---|---|---|

Und nun noch die Ihnen genannten Beiträge des Arbeitgebers:

**2640 SV-Vorauszahlung**

| Bank | 1.200,00 € | AN-Anteil | 680,00 € |
|---|---|---|---|
| | | AG-Anteil | 660,00 € |

Im **Soll** steht **der geschätzte** Beitrag, **im Haben** der endgültige, der tatsächliche Beitrag.

**2640 SV-Vorauszahlung**

| Bank | 1.200,00 € | AN-Anteil | 680,00 € |
|---|---|---|---|
| | | AG-Anteil | 660,00 € |
| | 1.200,00 € | | 1.340,00 € |

Zwischen der Soll- und der Habenseite ist somit ein **Saldo von 140,00 €** entstanden. Dieser Betrag wird mit der aktuellen Schätzung des kommenden Monats an die Krankenkasse gezahlt. Er bleibt bis dahin genauso bestehen.

Jahresabschluss

Nachdem wir uns in den bisherigen Kapiteln mit dem Buchen der einzelnen Geschäftsfälle beschäftigt haben, ist es nun an der Zeit, den **Jahresabschluss** vorzubereiten.

Sie erinnern sich noch an den Umfang, den ein Jahresabschluss – abhängig von der Betriebsgröße und der Unternehmensform – hat:

- Gewinn- und Verlustrechnung

- Bilanz

- Anhang

- Lagebericht

Der fachkundige Leser der dann später erstellten Bilanz und der Gewinn- und Verlustrechnung soll sich einen Überblick über die Entwicklung der Geschäfte machen können. Er unterstellt zu Recht, dass alle Aufwendungen und Erträge, die in der laufenden Buchführung berücksichtigt wurden, auch in das nun abzuschließende Geschäftsjahr gehören. Denn nur diese dürfen auch dort erfasst sein. Man spricht dabei von der **periodengerechten** **Erfassung** der Geschäftsvorfälle.

Im laufenden Geschäftsjahr ist es oft so, dass der buchende Mitarbeiter nicht über das nötige Wissen verfügt. Das *Wissen*, dass ihm oder ihr sagen würde, das (Beispiel) der Beitrag zur Kfz-Versicherung, der unserem Geschäftskonto belastet wurde, eben *nicht* komplett dem aktuellen Geschäftsjahr zuzuordnen ist. Ein Teil des Beitrages kann – und das ist recht häufig der Fall – auch in das folgende Geschäftsjahr gehören.

Um diese **periodengerechte Zuordnung** soll es auf den folgenden Seiten gehen. Eine wichtige Vorarbeit, die Sie dem Berater gut und gerne abnehmen können.

Abgrenzungsarbeiten

Wie schon auf der vorherigen Seite gesagt, müssen die Aufwendungen und Erträge **periodengerecht** gebucht sein. Ist dies vor dem 31. Dezember des Geschäftsjahres noch nicht geschehen, so müssen Sie beurteilen können, wie weiter vorzugehen ist.

Es ist relativ leicht, die richtigen Arbeitsschritte zu tun. Mit ein wenig Nachdenken finden Sie schnell und zuverlässig den rechten Weg! Los geht's!

Maximal zwei Fragen sind es, die Sie sich bei der Beurteilung der Geschäftsvorfälle stellen müssen:

1. **Ist uns im alten (abzuschließenden) Jahr Geld zugeflossen oder haben wir im alten Jahr Geld bezahlt?**

2. **Ist uns der geschuldete oder der geforderte Betrag cent-genau bekannt?**

Aktive Rechnungsabgrenzung

*Beispiel: Bescheid über € 720,00 an Kfz-Steuern vom 1.10.13.*

*Der in der Rechnung angegebene Beitragszeitraum ist 01.10.2014 bis 30.09.2015. Ein Zeitraum also von 12 Monaten.*

*Berechnung: 720,00 / 12 Monate = € 60,00 Beitrag pro Monat.*

*Beitrag 2014: 3 Monate (Okt. bis Dez.) * € 60,00 = € 180,00*

*Beitrag 2015: 9 Monate (Jan. bis Sep.) * € 60,00 = € 540,00*

| | |
|---|---|
| Frage: | *Ist Ihrem Unternehmen **im alten Jahr** Geld zugeflossen oder hat es im alten Jahr Geld gezahlt?* |
| Antwort: | **Ja!** Wir haben die Kfz-Steuern in 2014 komplett bezahlt! |
| Lösung: | Der Teil der Kfz-Steuern, der nicht in das Jahr 2014 gehört, muss abgegrenzt werden. „Abgrenzen" heißt in diesem Fall, dass wir ihn in |

der Finanzbuchhaltung des Jahres 2014 neutralisieren müssen.

Entweder tun wir dies mit Hilfe der **Aktiven Rechnungsabgrenzung** oder mit der **Passiven Rechnungsabgrenzung**. Doch welche müssen wir wählen?

Führen Sie sich das obige Beispiel vor Augen. Wir haben an das Finanzamt eine Zahlung geleistet, die zeitlich über den 31.12.2014 hinausgeht. Exakt bis zum 30.09.2015. Zum Bilanzstichtag **fordern** wir vom Versicherer also eine Gegenleistung für die bezahlten € 540,00. Weiter geht's…

Also besteht dem Versicherer gegenüber eine **Forderung**. Forderung = **Aktivkonto**. Ergo: **Aktive Rechnungsabgrenzung**!

Buchungen:

01.10.2014 Bei der Belastung unserer Geschäftskontos buchen wir…

*7030 Kfz-Steuer an 2800 Bank €*
*720,00*

31.12.2014   Zum Bilanzstichtag grenzen wir den Betrag ab, der das Ergebnis des Geschäftsjahres 2014 <u>nicht</u> beeinflussen darf. Das sind € 540,00. Der dem Konto belastete Betrag (€ 720,00) steht im Soll des Kontos *„Kfz-Versicherung"*. Wir müssen den Saldo um den abzugrenzenden Betrag reduzieren. Und so wird das gebucht…

*2800 Aktive RA an 7030 Kfz-*
*Steuer € 540,00*

In Folge dessen fließen die noch verbliebenen € 180,00 in die Gewinn- und Verlustrechnung ein. Die abgegrenzten € 540,00 gehen als Saldo des <u>Bestandskontos</u> *„Aktive Rechnungsabgrenzung"* in die Bilanz ein.

01.01.2015   Wir finden den *„Aktiven Rechnungs-abgrenzungsposten"* in der Eröffnungsbilanz wieder. Üblicherweise wird so verfahren, dass der abgegrenzte Posten zu Beginn des neuen Wirtschaftsjahres auf das entsprechende Aufwandskonto umgebucht wird:

7030 *Kfz-Steuer an Aktive RA €*
*540,00*

Passive Rechnungsabgrenzung

*Beispiel:*     *Unser Mieter überweist am 5. Dezember 2014 Miete in Höhe von € 1.200,- für den Zeitraum 12/2014 bis 2/2015.*

*Der bezahlte Mietzeitraum ist somit der 01.12.2014 bis 28.02.2015. Ein Zeitraum also von 3 Monaten.*

*Vorgehensweise: 1.200,00 / 3 Monate = € 400,00 Miete pro                    Monat.*

*Miete **2014**: 1 Monat (Dezember) * € 400,00 = € 400,00*

*Miete **2015**: 2 Monate (Januar bis Februar) * € 400,00 =                    € 800,00*

Frage:     *Ist Ihrem Unternehmen **im alten Jahr** Geld zugeflossen oder hat es im alten Jahr Geld gezahlt?*

Antwort: **Ja!** Von unserem Mieter ist uns Geld zugeflossen!

Lösung: Der Teil der Miete, der <u>nicht</u> in das Jahr 2014 gehört, <u>muss abgegrenzt</u> wird.

Führen Sie sich auch das aktuelle Beispiel vor Augen. Wir haben vom Mieter eine Zahlung erhalten, die zeitlich über den 31.12.2014 hinausgeht. Exakt bis zum 28.02.2015. Zum Bilanzstichtag **schulden** wir dem Mieter also eine Gegenleistung für die bezahlten € 800,00. Weiter geht's…

Also besteht dem Mieter gegenüber eine **Schuld**. Schulden = **Passivkonto**. Ergo: **Passive Rechnungsabgrenzung**!

Buchungen:

05.12.2014 Beim Zufluss auf unser Geschäftskonto buchen wir…

2800 *Bank an 5400 Mieterträge 1.200,00*

31.12.2014 Zum Bilanzstichtag grenzen wir den Betrag ab, der das Ergebnis des Geschäftsjahres 2014 <u>nicht</u> beeinflussen darf. Das sind € 800,00. Der dem Konto gutgeschriebene Betrag (€ 1.200,00) steht im Haben des Kontos „Mieterträge". Wir müssen den Saldo um den abzugrenzenden Betrag reduzieren. Und so wird das gebucht…

5400 *Mieterträge an 4900 Passive RA € 800,00*

In Folge dessen fließen die noch verbliebenen
€ 400,00 in die Gewinn- und Verlustrechnung ein. Die abgegrenzten € 800,00 gehen als Saldo des Bestandskontos *„Passive Rechnungsabgrenzung"* in die Bilanz ein.

01.01.2015 Wir finden den *„Passive Rechnungs-abgrenzungsposten"* in der Eröffnungsbilanz wieder. Üblicherweise wird so verfahren, dass der abgegrenzte Posten zu Beginn des neuen Wirtschaftsjahres auf das entsprechende Ertragskonto umgebucht wird:

*4900 Passive RA an 5400*
*Mieterträge €*
*540,00*

Nicht immer ist es so, dass diejenigen, von denen wir Geld fordern, es uns auch noch im alten, dem abzuschließenden Jahr bezahlen. Und genauso kommt es auch regelmäßig vor, dass wir unsere Schulden nicht noch im alten Jahr begleichen können oder wollen.

Im Folgenden geht es also um solche Fälle, in denen wir unsere Standart-Frage *„Ist Ihrem Unternehmen im alten Jahr Geld zugeflossen oder hat es im alten Jahr Geld gezahlt?"* <u>nicht bejahen</u> können.

| | |
|---|---|
| *Beispiel:* | *Beitragsrechnung der Berufsgenossenschaft für das Jahr 2014 über € 10.200,00 vom 30.12.2014. Die Rechnung ist am 10.02.2015 fällig und wird von uns pünktlich bezahlt.* |
| Frage 1: | *Ist Ihrem Unternehmen **im alten Jahr** <u>Geld zugeflossen</u> oder hat es im alten Jahr <u>Geld gezahlt</u>?* |
| | **Nein!** |

Frage 2:        *Ist uns der geforderte, bzw. der geschuldete Betrag cent-genau bekannt?*

Antwort: **Ja!** Die Rechnung lautet auf € 10.200,00!

Lösung:         Die Beiträge zur Berufsgenossenschaft gehören in das Jahr 2014 und <u>müssen abgegrenzt</u> werden. „Abgrenzen" heißt in diesem Fall, dass wir ihn in der Finanzbuchhaltung des Jahres 2014 gewinnmindernd erfassen müssen.

Wir tun dies mit Hilfe der **Sonstigen Verbindlichkeit**. Ganz bewusst wird diese Verbindlichkeit nicht als solche aus „Lieferung und Leistungen" gebucht. Die BG hat *weder* geliefert *noch* geleistet.

31.12.2014     Zum Bilanzstichtag grenzen wir den Betrag ab, der das Ergebnis des Geschäftsjahres 2014 beeinflussen <u>muss</u>. Das sind € 10.200,00. Wir buchen…

*6400 Soziale Aufwendungen*

*an 4890 sonst.Verbindlichkeiten €*
*10.200,00*

In Folge dessen fließen die in 2014 gebuchten €
10.200,00 in die Gewinn- und
Verlustrechnung ein. Der gleiche
Betrag fließt als Saldo des
<u>Bestandskontos</u>     *„Sonstige*
*Verbindlichkeiten"* in die Bilanz ein.

01.01.2015    Wir    finden    die    *„Sonstige*
*Verbindlichkeit"*    in    der
Eröffnungsbilanz wieder.


*Nun kann es ja auch noch dazu kommen, dass*
*wir von jemandem (der nicht unser Kunde ist)*
*Geld fordern. Wie buchen wir dann dies?*

Beispiel:       *Rückforderung            an*
*Körperschaftsteuer gegenüber dem*
*Finanzamt für das Jahr 2014 über*
*€    8.400,00    aufgrund    des*
*Bescheides vom 29.12.2014. Die*
*Erstattung erfolgt am 04.01.2015*
*zu Gunsten unseres Bankkontos.*

Frage 1:       *Ist Ihrem Unternehmen **im alten***
***Jahr** <u>Geld zugeflossen</u> oder hat es*
*im alten Jahr <u>Geld gezahlt</u>?*

**Nein!**

Frage 2: *Ist uns der geforderte, bzw. der geschuldete Betrag cent-genau bekannt?*

Antwort: **Ja!** Der Bescheid lautet über € 8.400,00!

Lösung: Die überzahlte Körperschaftsteuer gehört in das Jahr 2014 und <u>muss abgegrenzt</u> werden. „Abgrenzen" heißt in diesem Fall, dass wir sie in der Finanzbuchhaltung des Jahres 2014 gewinnerhöhend erfassen müssen.

Wir tun dies mit Hilfe der **Sonstigen Forderungen**. Ganz bewusst wird diese Forderung nicht als solche aus „Lieferung und Leistungen" gebucht. Das Finanzamt hat *weder* geliefert *noch* geleistet.

31.12.2014 Zum Bilanzstichtag grenzen wir den Betrag ab, der das Ergebnis des Geschäftsjahres 2014 beeinflussen

<u>muss</u>. Das sind € 8.400,00. Wir buchen…

*Sonstige Ford.* *an*
*Körperschaftssteuer*
*€ 8.400,00*

In Folge dessen fließen die in 2014 gebuchten
€ 8.400,00 in die Gewinn- und Verlustrechnung ein. Der gleiche Betrag fließt als Saldo des <u>Bestandskontos</u> *„Sonstige Forderungen"* in die Bilanz ein.

01.01.2015   Wir finden die *„Sonstige Forderungen"* in der Eröffnungsbilanz wieder.

<u>Rückstellungen</u>
So, mal angenommen, es tritt der Fall ein, dass im abzuschließenden Jahr <u>kein Geld geflossen</u> ist und das <u>ebenso wenig bekannt ist, wie hoch der</u> geschuldete <u>Betrag</u> ist.

**Ihrem Unternehmen ist** – und so heißt es in der IHK-Sprache – **dem Grunde nach bekannt**, dass jemandem ein Betrag geschuldet wird, nur ist die exakte Höhe und seine Fälligkeit nicht bekannt.

## Auswirkungen auf das betriebliche Ergebnis und das Verbuchen von Rückstellungen

Wenn wir erwarten, dass jemand Forderungen an uns stellen wird und liegt der Grund dafür im alten, dem abzuschließenden Jahr, so verlangt der Gesetzgeber, dass diese zu erwartende Aufwand auch im alten Jahr gewinnmindernd gebucht wird! Nur so kann erreicht werden, dass das ausgewiesene Ergebnis (Gewinn oder Verlust) „echt" und ungeschönt ist.

Sie erinnern sich an die *Grundsätze Ordnungsgemäßer Buchführung (GOB)*? Darin heißt es doch, dass wir **keine Buchung ohne Beleg** vornehmen dürfen. Wie sollen wir aber Aufwendungen verbuchen, wenn uns zum Beispiel noch *kein* entsprechender Beleg (Rechnung, Steuerbescheid etc.) vorliegt? Wir erstellen einfach einen so genannten **Eigenbeleg**, eine **Buchungsanweisung**. Zu abstrakt? Dann folgt jetzt ein Beispiel:

Steuerberater M. Heine wird beauftragt, den Jahresabschluss für unser Unternehmen zu erstellen. Herr Heine wird uns aber erst im April des Folgejahres eine Rechnung stellen, denn dann hat er auch erst seine Abschlussarbeiten erledigt. Herr Heine prognostiziert Aufwendungen in Höhe von € 5.000,00 zzgl. 19% USt.

**Beachten Sie bitte unbedingt, dass die zu erwartende Umsatzsteuer** *(Vorsteuer 19% 950,00 €)* **nicht gebucht werden darf!**

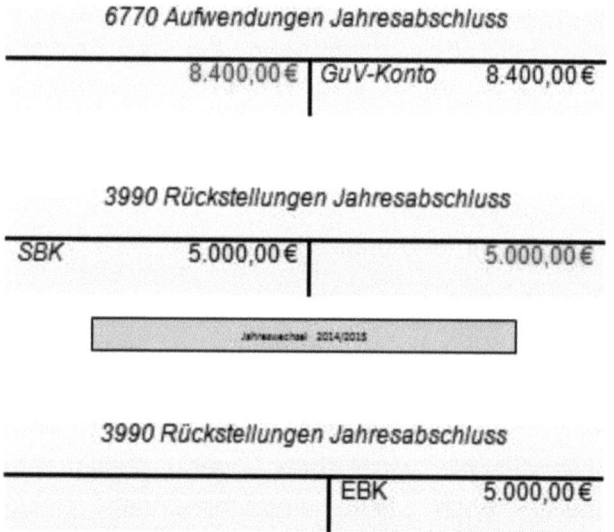

**Variante A:**

Unterstellen wir nun, dass der Steuerberater Heine, nachdem er alle Arbeiten erledigt hat, am 15. April 2015 seine Rechnung stellt. Diese lautet – wie erwartet – über € 5.950,00 **brutto**.

Wurde in einem Jahr eine Rückstellung gebildet, die (im Beispielfall) mit dem Eintreffen der Rechnung entbehrlich ist, **so ist sie komplett „zu**

**verbrauchen"**. Anders ausgedrückt, wird die gebildete Rückstellung für den Zweck (die Beraterrechnung) verbraucht. Entfällt also der Grund, die Rückstellung bestehen zu lassen, müssen wir wie folgt buchen:

Buchung:  *Rückstellungen Jahresabschluss € 5.000,00*

*und Vorsteuer € 950,00*

*an Verbindlichkeiten LuL € 5.950,00*

**Sie sehen, nun – nach dem Eintreffen der Rechnung – dürfen wir erst die Vorsteuer geltend machen!**

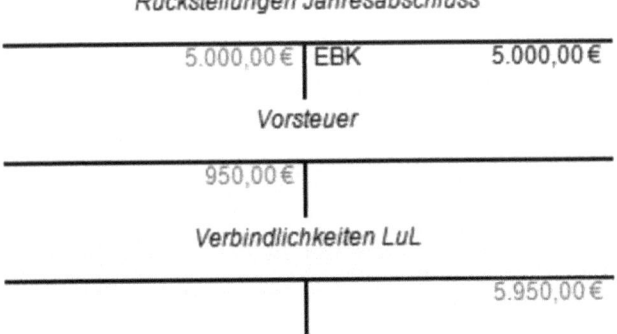

Als Folge dieser Buchung lautet der Saldo des Rückstellungskontos auf „Null".

Wichtig, dass Sie bei Eintreffen der Rechnung <u>nicht noch ein weiteres Mal Aufwand buchen</u>! Das haben Sie schon im alten Jahr getan.

**Variante B:**

Unterstellen wir, dass Heine, nachdem er alle Arbeiten erledigt hat, am 15. April 2015 seine Rechnung stellt. Diese lautet – anders als erwartet – auf € 7.140,00 **brutto**.

Jedoch ist der tatsächliche Aufwand (€ 6.000,00 netto) <u>größer als erwartet</u>. Wir können nun keine Änderungen mehr im alten Jahr vornehmen. Somit müssen die € 1.000,00 netto im Jahr 2015 gewinnmindernd gebucht werden. **Aber**, es hat dies auf einem ganz besonderen Konto zu erfolgen:

Buchung: *Rückstellungen Jahresabschluss € 5.000,00*

*und **periodenfremder Aufwand** €*
*1.000,00*

*und Vorsteuer € 1.140,00*
    *an Verbindlichkeiten LuL €*
*7.140,00*

„**Periodenfremd**" deshalb, weil die Ursache für das Entstehen des Aufwandes in einer anderen (fremden) Periode (Jahr 2014) lag.

Rückstellungen Jahresabschluss

| 5.000,00 € | EBK | 5.000,00 € |
|---|---|---|

Periodenfremder Aufwand

| 1.000,00 € | |
|---|---|

Vorsteuer

| 1.140,00 € | |
|---|---|

Verbindlichkeiten LuL

| | 7.140,00 € |
|---|---|

## Variante C:

Eine andere und letztmögliche Variante ist die, dass Heine, nachdem er alle Arbeiten erledigt hat, am 15. April 2015 seine Rechnung stellt und € 4.760,00 **brutto** verlangt.

Der tatsächliche Aufwand (€ 4.000,00 netto) ist also kleiner als erwartet. Auch hier können Sie keine Änderungen mehr im alten Jahr vornehmen. Somit müssen Sie die € 1.000,00 netto im Jahr 2015 gewinnerhöhend buchen. **Aber**, auch dies hat auf einem ganz besonderen Konto zu erfolgen:

Buchung: *Rückstellungen Jahresabschluss €*
*5.000,00*

*und Vorsteuer € 1.140,00*
*und **Erlöse aus der** € 1.000,00*
***Auflösung von***
***Rückstellungen***
*an Verbindlichkeiten LuL € 4.760,00*

Ja, so heißt das Erlöskonto wirklich. Und auch die IHK verwendet es in ihren Prüfungsaufgaben.

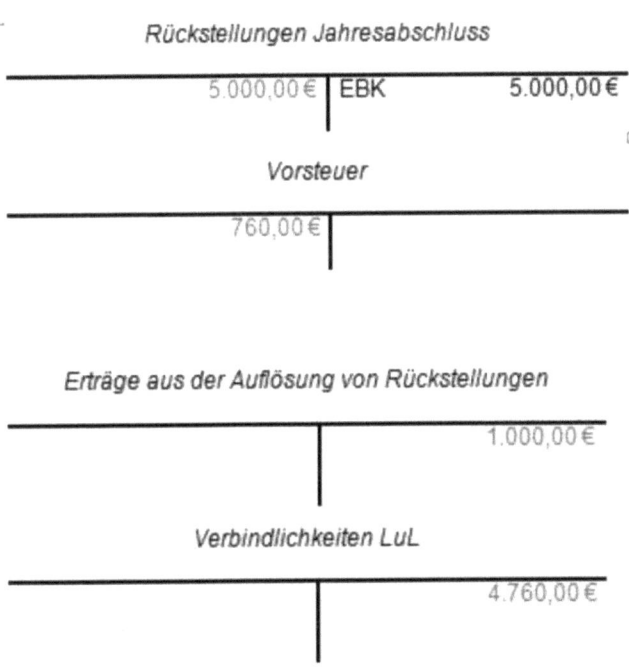

*Rückstellungen Jahresabschluss*

| | |
|---|---|
| 5.000,00 € | EBK 5.000,00 € |

*Vorsteuer*

| |
|---|
| 760,00 € |

*Erträge aus der Auflösung von Rückstellungen*

| | |
|---|---|
| | 1.000,00 € |

*Verbindlichkeiten LuL*

| | |
|---|---|
| | 4.760,00 € |

Achten Sie beim Buchen von Eingangsrechnungen im Zusammenhang mit Rückstellungen immer darauf, dass die Summe der Soll- und Habenbuchungen Ihres Buchungssatzes immer identisch sein muss. Falls

diese abweichen, ist Ihre Lösung falsch!

## Über das Buch

Das Thema „Rechnungswesen" ist für viele Berufsschüler, aber auch für erwachsene Teilnehmer von Fort-, Weiterbildungen und Umschulungen eher ein notwendiges Übel. Lehrer, Ausbilder und Arbeitgeber verlangen aber, dass Sie sich in der Materie auskennen und Ihr Wissen in das Tagesgeschäft einbringen können.

Dieses Buch soll Ihnen dabei helfen, die Grundlagen der Buchführung in aller Kürze zu erlernen.

In der auch als Paperback erhältlichen, vollständigen Version finden Sie eine große Zahl an praxisnahen Übungen und Lösungen.

## Über den Autor

Wolf-Dieter Schellin (*1964) ist gelernter Industriekaufmann mit berufsbegleitenden Fortbildungen unter anderem zum Ausbilder (AdA) und zum Bilanzbuchhalter (IHK). Seit 1987 ist er im Bereich des betrieblichen Rechnungswesens tätig. Im Jahr 2009 nahm der Autor seine Arbeit in der Erwachsenenbildung auf.

*Platz für Ihre Notizen*

*Platz für Ihre Notizen*